一句话性教育

方刚——著
王晓斌——选编/绘图

人民东方出版传媒
東方出版社

图书在版编目（CIP）数据

一句话性教育 / 方刚著；王晓斌编. —北京：东方出版社，2020.6
ISBN 978-7-5207-1504-1

Ⅰ. ①一… Ⅱ. ①方… ②王… Ⅲ. ①性教育－家庭教育 Ⅳ. ①G479 ②G78

中国版本图书馆CIP数据核字（2020）第060437号

一句话性教育
（YIJUHUA XINGJIAOYU）

作　　者：方　刚　王晓斌
策划编辑：鲁艳芳
责任编辑：黎民子
出　　版：東方出版社
发　　行：人民东方出版传媒有限公司
地　　址：北京市朝阳区西坝河北里51号
邮政编码：100028
印　　刷：北京联兴盛业印刷股份有限公司
版　　次：2020年6月第1版
印　　次：2020年6月北京第1次印刷
开　　本：880毫米×1230毫米　1/32
印　　张：5.625
字　　数：68千字
书　　号：ISBN 978-7-5207-1504-1
定　　价：39.80元
发行电话：（010）85924663　85924644　85924641

前言

“一言难尽”的性教育

我自 2018 年 1 月起，跟随方刚老师学习性教育，是赋权型性教育讲师团队最早的成员。在听方老师的课、看方老师的书的过程中，经常会被他的某一句话所触动，陷入久久的沉思中。

讲师团队中不仅我有这种感受，还有很多讲师每天都在做“性教育每日一句”的图片，发布在自媒体上，方便传播。其中许多话是摘自方老师的书和演讲。许多人读到这“一句话”，都觉得非常受启发，对性教育有茅塞顿开之感。

我便思索：何不把方刚老师的书和演讲中关于性教育的经典语录，都摘录出来，编成一本书呢？快节奏生活的今天，许多人没有时间静下心来读一本厚书，但不会缺少读“一句话”的时间。通过《一句话性教育》，这样也可以快速领会赋权型性教育的精髓了。

这个想法得到了方刚老师的赞许和支持。我用几个月的时间，系统地研读了方刚老师关于性教育的所有资料，摘编成这本书。当我把这些“一句话”收集到一起，我忽然发现，虽然每句话是独立的句子，却仍然可以视为关于性教育的系统论述，因为这些内容几乎涉及性教育的所有方面。

这本书是为关心性教育的父母和老师们准备的，你们在等地铁的时候，排队的时候，可以读读这些“一句话”的性教育要点。相信你的孩子、你和孩子的关系，都将因此而改变。虽然书名是“一句话性教育”，但性教育却又是“一言难尽”的。

王晓斌

2020年2月2日

目录

Contents

第三辑　父母是孩子性教育的第一任老师

第四辑　性教育从零岁开始

第五辑　预防性侵，要点是身体权的教育

第六辑　离开性别，我们无法理解什么是性

第七辑　青春期的学习任务，也包括性的学习

第八辑　爱情是人生重要的一课

第九辑　多元即美

第一辑

性教育促进人格全面成长

1. 性教育是一个专业

★ 我所讲的所有性教育的内容，都是基于人类百年的性教育经验。

★ 性教育是有理论指导的，不是凭个人经验或热情便可以进行的。

★ 性教育是一个专业，是需要学习才可以进行的。性教育做得好，使孩子受益；性教育做得不好，还不如不做。

★ 重视性教育、想做性教育，与能够做好性教育，是两回事。性教育不能靠个人经验，也不能靠“常识”，而是需要学习专业理念。在我看来，最需要学习的理念是性价值观。家长或老师有了正确的性价值观，性教育就好做了；让孩子树立了正确的性价值观，性教育也就成功了一大半。所以，学习性教育，要先从理念入手。

性教育

2. 性教育不只是性生理教育

★ 性教育包括“爱的教育”，但性教育不等于“爱的教育”。

★ 性教育不是性行为教育。

★ 我们反对性教育只讲性生理。性教育中有很重要的一部分是性价值观的教育，还有社会性别的教育，同时，性教育也需要与个人的人生观、道德修养教育结合起来。一个人对性的态度是和他整个人生态度紧密结合在一起的，因此，性教育也应该是人生观、价值观教育的一部分，但它又有独特的性的内容。

★ 即使是对“我从哪儿来？”的回答，也不是一个单纯的生理教育，而是爱、性别平等、责任、权利、尊严等的教育。

性教育的形式不一定是讲课，也可以有活动、游戏、观影、讨论、辩论等许多种方式。

3. 性教育是人格成长教育

性教育也是人格成长教育，我把它看作“对自己的人生负责”的教育。

好的教育应该让受教育者自我成长。好的性教育，可以让孩子感受到自己的成长和强大。

性教育只不过是从性的角度来促进孩子全面的人格成长，所以它是人格成长教育的一部分。因此，性教育做好了，有助于孩子全面认识自我，处理好人际关系，学会对自己和他人负责，甚至能够安排自己的生活，安排好自己的人生。

我们的性教育要挑战大量旧的价值观。

我们要树立的不是单一的性价值观，我们要培养的是能力，是对自己和他人负责的能力。

如果我们的性教育成功了，孩子其他方面的教育也会取得事半功倍的效果。这听起来似乎有些夸张，但这强调的是性教育作为人格成长教育一部分的重要性。

4. 不做性教育也是性教育——坏的性教育

有的家长一直回避和孩子谈性，但孩子仍然会好奇地去探究。如果家长能给孩子提供开放的渠道和机会，让孩子去获取关于身体、生命、性、爱、如何处理关系等方面的科学认知，孩子就不用背着家长偷偷看一些良莠不齐的东西，甚至从色情品中来了解和学习性了。

不要以为回避就不是性教育，回避谈性是增加性的羞耻感、罪恶感的“性教育”，这样的性教育使孩子对性更好奇，而好奇心又容易带来更早的、不负责任的性行为。

充满谎言的性教育注定是失败的。

一些家长会担心：如果孩子很小就懂得性，会不会过早地对性失去兴趣？首先，这是把性教育当作简单的性生理教育了。而且，一个人不会因为了解性知识而没有“性”趣。

我们在孩子没出生的时候就应该做好进行性教育的准备了，就应该学习、了解怎样进行性教育。

通过非正规渠道获得的性知识，有时是残缺的，有时甚至是错误的，至少，很难是我们主张的全面、综合的性教育，很难是包括人生观、婚姻观、爱情观、性别平等观念的性教育。

任何时候都不要回避孩子对性的疑问，回避孩子的问题就意味着加深了孩子对这个问题的好奇，意味着你让孩子自己去摸索，甚至意味着你给孩子留下性是羞耻的、污名的等负面印记。记住，回避是最糟糕的性教育。

如果你和普通朋友、同事都不能坦然谈论性，那你跟你的孩子怎么可能坦然地谈论性呢？你跟成人都不能坦然，跟孩子怎么能够坦然？

什么是坏的性教育？你不讲性就是坏的性教育！

不坦然地进行科学的、全面的谈性教育，也是对孩子的伤害。

家长和孩子交流性的时候要诚实。什么叫诚实？至少不要说那些你都不信的事。连你自己都不相信的东西非要

让孩子相信，这就是不诚实了。

★ 如果你担心孩子比别人知道得多而被嘲笑，那你就应该更坦率地告诉孩子：

★ 社会上许多人对于和性有关的事物采取回避的态度，会羞怯，甚至认为性不好。这种观念是错误的，所以爸妈没有对你进行这样的教育。如果有人因为这个而批评你，你就直接说：你们这样的性观念是错误的。

★ 总之，就是要把真相告诉孩子。在这个过程中，孩子还会了解到社会上存在不同的价值观，会懂得求同存异，会懂得如何面对和自己不同价值观的人，等等。这也是非常好的人格教育。

5. 学校性教育仍处于“调情”阶段

现在中国的学校性教育还处于调情阶段：总说要“做”，但就是不做。

中国的学校性教育做得还远远不够。学校性教育最大的优点是可以面向所有学生，而且可以系统地从初一讲到高三，但是中国没有任何一所学校这样做，这里面最大的无奈是：只要有一个家长反对，性教育就没办法进行下去。

中国的学校性教育面临着一个死局：有人反对就不做，肯定有人反对，所以肯定不做。

你问我为什么肯定有人反对呢？因为人类关于性的价值观没有统一过，关于教育的价值观没有统一过，把两个最冲突的领域，性和教育放到一起，性教育，你说我们的价值观怎么可能统一？之前不会统一，未来也永远不会统一，所以就一定永远有人反对。

★ 那么学校性教育在什么情况下才没有人反对，在什么情况下才能进行呢？一定是进行最保守的、最落后的那种性教育才会被允许进行。

★ 你永远不要指望改变别人的性价值观，这非常困难，你只能指望之后的人的价值观越来越开明。

★ 学校性教育是普渡众生，民间性教育是摆渡有缘人。众生不让我们普渡，我们就只能摆渡有缘人了。

性教育

6. 性教育要强调性的正面价值

★ 我们特别强调性的正面价值，肯定性是一件好事，是积极的、快乐的。

★ 性绝不是罪恶、丑恶的事情，性是大自然为每一个人准备的最美妙的礼物。

★ 有人可能会说，我跟孩子说性是美好的，那他去“美好地”做了怎么办？美好并不一定等于现在就去做。不是有“延迟满足”这个概念吗？性对于不同年龄有不同的美好，但如果没有做到自主、健康、负责的三原则，可能就不美好了。

★ 相信性是一件美好的事情，相信对性知识的了解不会使孩子学坏，相信及时和明确的告诫可以使他们对自己更负责，这就足够了。

不说性是美好的，难道你要说性是很坏的吗？那将来你的孩子，你要让他性压抑、性冷淡吗？

我们要让孩子清楚，觉得性丑陋和恶心的背后是对性污名化的价值观。

7. 性教育不应该是“规训”

★ 说到教育理念，给大家两个词选择：一个是管制，一个是增能，你会选择哪个？管制不是教育，而是“规训”，想把孩子规训成同一个样子。

★ 我们理解性教育的时候，千万不要把它变成一个一个具体的问题，而是要变成一种我们的教育能力、一种性教育观念、一种我们关于性的价值观和思维方式。只有这样，你才可能在遇到任何性教育问题的时候都胸有成竹。

★ 好的性教育不是教孩子说“不”，是教孩子做出有利于自己的选择。

★ 性教育不是亡羊补牢，性教育应该是未雨绸缪，帮助孩子成长。

★ 我们的性教育有两个重要的理念。一个是性别的理念，我们没有办法脱离性别谈性，性别是基础；另一个是人权的理念，包括权利、平等、尊严等。

大量调查显示，接受纯洁性教育，即守贞教育的女性，更早发生性行为，更多患性病或意外怀孕，堕胎比例也高于其他性教育模式的受教育者。为什么会这样呢？禁止就有反抗，你越禁止青少年做什么，他（她）就越会反抗你，尤其是青春期的时候。

我认为教育最重要的是让孩子快乐、自由，按他自己向往的方式生活和成长。强行干预，反而会给他们带来负面影响。

家庭性教育是家庭教育的一部分，如果家庭教育的理念错了，那家庭性教育的理念就不可能对。

一定要拒绝那种有强烈鲜明的禁欲主义色彩、教唆式的性教育读本，那些书只会害了孩子。

要给孩子满足自己好奇心的权利，也要相信他们不是那么容易“堕落”的，与之相伴的，是性的责任感教育。

没有任何一种教育方式可以包治百病，解决所有问题。受过性教育的孩子同样可能在性上有错误，但你不能统统

将之归为性教育的问题。我们也不能因为别人的错误，或者可能出现的伤害，就放弃做对的事情，那是在对孩子进行更大的伤害。

★ 当你掌握了尊重、真实的原则之后，就会发现，无论出现什么情况，性教育都变得非常简单了。

★ 性教育不是简单地一元化的灌输，而是给孩子思考和成长的空间。

★ 错误的性教育，孩子听不进去，会把亲子关系搞坏；听进去了，会把孩子的人生搞坏。

★ 人类生活的复杂性，孩子成长的差异性，都决定了任何一本书也不可能囊括性教育的所有问题。与给读者提供问题的答案相比，我更希望读者能够通过本书进行思考、成长，形成赋权型性教育的价值观。有了这种价值观和思维方式，你遇到再多问题，都可以自己做出很好的、有针对性的处理。

★ 有些人把性教育分男女来讲，我认为是不好的。因为这样不但强化了男女的区别，也进一步加重了性的神秘感。我们给男生介绍月经和乳房发育，给女生介绍遗精，一方面让孩子了解异性的生理，另一方面把性的隐晦包袱去

掉——性和其他身体部位一样，是可以大方谈论的。

★ 欧洲的性教育是最好的，从意外怀孕率，感染艾滋病、意外妊娠、堕胎数量，还有一些其他评价指标来看，欧洲各种数据是最低的。欧洲性教育的特点是让青少年学习对自己负责，不恐吓青少年，也不禁止青少年的性行为。

★ 家庭教育最重要的是培养孩子对于性、身体、亲密关系的价值观，树立人生目标。其他的那些都是生活的各种调剂品。如果我们没有好的性观念，确实会影响到孩子和家庭。

★ 要趁孩子是一张白纸的时候，让孩子们懂得自主、健康、负责任的性。

第二辑

赋权型性教育，有灵魂的性教育

1. 给孩子增能并赋予孩子权力

赋权型性教育致力于使受教育者增能赋权。

赋权（Empowerment），给孩子增能，赋予孩子权力。这要求我们不是强行让孩子按照我们说的话去做，不是强行告诉孩子什么是对什么是错，而是要给他们权力，让他们自己做出选择。

孩子对规训的表面服从是压力下的表现，一旦遇到机会，就会反抗、叛逆。

哪里有压迫哪里就有反抗，孩子表面上对教育者的顺从解决不了根本问题，我们应该把赋权的理念放到教育理念当中。

赋权型性教育注意到了性教育中最大的结构性不平等，那便是教师和学生间的不平等，还有家长和孩子的不平等。

我们一直通过教学的内容、方法，来主动解构这种不平等，消解教师和家长的权力，让受教育的学生真正具有权力。

★ 我们不认为不平等的权力关系是真的可以彻底消除的，我们更不能等到权力平衡的时候才进行性教育。我们一直强调，性教育是人格全面成长的教育，这当中就包括对权力关系的解构。

★ 赋权型性教育是让你从性教育的角度去给他增能赋权。这种理念接纳了之后，你可以在孩子其他的教育中也增能赋权。性教育从来不是孤立的，它是整个人的教育的一部分，你把性教育这件事情弄懂弄通了，其他的教育也一样。

★ 性教育的赋权，不要和其他方面的赋权相割裂。比如，父母要鼓励孩子多参与学校和家庭事务，尝试新事物，多给予孩子自我选择和决策的机会，理解并支持他（她）的合理想法和决定，发展其自主意识，促进其身心成长。

★ 遇到青少年做了违背社会主流价值观的选择的时候，我们需要告知他们可能出现的社会负面评价，告知其风险，这就是资讯的提供；一起讨论应对风险的方法，这便是增能；不去轻率地指责他们，不命令他们再不许这样做，而是相信他们自己可以做出对自己和他人负责任的选择，这

便是赋权。

赋权的前提是“有能力”，这是一个帮助受教育者成长的重要过程。赋权做不到的，禁止一定做不到。

对于赋权的一个常见误解是：让孩子做决定，把权利扔出去。其实赋权不是这么简单的，它是以增能为前提的。

赋权型性教育不是简单地禁止孩子们干这个、干那个，我们要跟他一起分析每一个行为背后的责任、义务、风险、担当，然后帮助他自己成长。

我们让孩子自己思考成长，把好的和坏的、正面的和负面的、可能的伤害和可能的愉悦，都呈现给他们，然后让他们自己思考，结合自己的能力，自己做出判断和决定，这才是赋权型性教育，这是个让孩子成长的过程。

有人担心孩子没有能力对自己和他人负责，获得负责任的能力恰恰是我们教育的目标。成年人无论多大年纪，三四十岁、七八十岁，一样可能不对自己的行为负责。所以，能不能负责与年龄没有关系，与有没有接受赋权型教育和增能有关。

孩子通过自己思考做出的决定，往往才能真正做到。

强加给他的决定，他往往做不到，即使做到了，也不甘心。重要的是，在他自己思考决定的过程中，他成长了。他思考了性教育的问题，未来人生的所有问题他便都能够主动思考，都能做出最适合自己的选择，这才是教育！

挑刺批判和独立思考、质疑精神，这是两回事，我们培养的是质疑精神不是刻薄挑刺。

观念一定是在思考、讨论中形成的，这样形成的观念才比较扎实，当许多孩子在一起思考、讨论时，又会更加有效。

2. 性教育的目的是提高受教育者自我选择的能力

赋权型性教育，主张在性教育的过程中给受教育者信息、资源、知识，促进他们思考，让他们做出自我选择。我们性教育的目的在于促进受教育者自我选择的能力。

赋权的三部曲：分享信息、推动思考、尊重选择。分享信息的过程，包括对不平等的权力现状的检视，因为这是我们做选择时需要了解的信息；推动思考的过程，是促进受教育者评估和反思这种不平等的权力现状。我们不会在面对这种权力不平等时畏缩不前，不会认为女性“先天不足”，更不会等“权力平衡”之后再进行性教育，因为正是在每个人接受性教育的过程中，在每个人思考与行动的过程中，不平等的权力关系才能够被解构。

赋权型性教育，致力于让受教育者增能，让他（她）

在拥有足够的知识和技能的基础上，学会为自己做出有益的选择。

即使对于性交易，我们不是简单地告诉学生说这很坏、不可以做，而是要跟他们分享为什么有的人会选择援交，它能给那些人带来什么？为什么有人会选择购买性服务？它给那些人带来的创伤、机会、挑战和愉悦分别是什么？最终要学生做出自己的选择。

一个孩子眼下的选择，即使他未来后悔，也是他当时智识下的自主选择，我们也应该尊重他作为一个独立个体的选择。随着年龄和观念的改变，我们都可能去后悔以前的选择。成年人做出选择，也未必事后不后悔，这不仅体现在性的领域。

赋权型性教育的反对者本质上是想以保护的名义对未成年人进行控制，他们相信自己是对的，相信自己有权利代替未成年人进行选择。他们无法容忍各种“异端邪说”，各种非主流。

这一类反对者，是青少年最大的敌人。结果，要么是青少年被他们“规训”成和他们一样的人，要么是他们被青少年抛弃。

★ 赋权型性教育倡导的性爱三原则是：自主、健康、责任。

★ 回避不是赋权，回避没有用。你要把真相告诉孩子，同时更重要的是要进行性爱三原则的教育。

★ 当我们讲承担责任的时候，是鼓励他对于行为及后果进行思考，更关键的含义是：如果无法承担责任，就不要选择这个不能承担后果的行为。

★ 牢牢掌握赋权型性教育的理念，无论遇到多少独特性的问题，相信你都能够迎刃而解。

★ 为什么我们觉得在别的方面可以鼓励孩子成长、负责，在性上却不行？

★ 赋权不可能解决一切问题，但因为赋权致力于提升青少年负责任的行为能力，所以一定是最好的保护青少年的手段。

★ 赋权型性教育的一些反对者不相信未成年人可以通过这种教育获得成长，他们普遍认为未成年人是“心智不成熟”的，年龄决定了他们无论如何也不可能有负责任的能力。问题是，如果不能通过教育成长，难道是通过年龄的增长能够自然地获得负责任的能力吗？

一位赋权型性教育讲师说得好："赋权型性教育，有灵魂的性教育。"这个灵魂，就是致力于促进受教育者人格的全面成长。

3. 开展思考人类多样性和学会多元包容的性教育

在性教育营，一开始我们就会和孩子们讨论什么是他们可接受的性、什么是他们不可接受的性。孩子们会在一张大的白纸上分别罗列出来，然后我们一起讨论每一个选项，甚至放手让大家争论。没有对错，只有个人选择。在这个过程中，孩子们能思考人类的多样性，学会多元包容。

赋权不仅仅在性教育领域是重要的，在性的领域实现了增能赋权的人，在其他领域也会有对自己和他人做出负责任行为的能力，这就把性教育作为整个人格成长、人生成长、价值观形成的一个重要环节。

赋权型性教育不去试图强迫青少年形成一种“统一”的性价值观，恰恰相反，我们鼓励他们包容不同的价值观。

我们只是对他们强调：每个人都应该做出对自己和他人负责任的选择，并且对选择的后果承担责任。

第三辑

父母是孩子性教育的第一任老师

1. 父母要先去掉性的羞耻感，才能对孩子进行性教育

★ 从出生就应该开始的性教育，谁最有机会来进行呢？家长，而且只有家长才可以。因为家长是花最多时间陪着孩子一起成长的人。

★ 谁对孩子在性观念、亲密关系、责任意识等方面的影响最大？谁对孩子潜移默化的影响最多？当然是家长！这里说的不只是指家长直接的、口头的教育，还有家长的言传身教。

★ 在孩子童年成长的过程中，如果父母跟孩子之间对“性”是讳莫如深的，那么等孩子进入青春期了，家长忽然想跟孩子聊聊性，想对孩子进行性教育，便会非常困难。

★ 怎样做是坦然开放地谈性呢？家长应该把性当作一个平常的事。我们平时谈其他生理功能，像感冒、打喷嚏、

屎尿屁等都可以坦然，为什么就不能坦然谈性呢？你不坦然地谈论，就是回避，回避就有可能会增加性的羞耻、污名化和神秘感。

★父母无意间的一举一动都在影响着孩子，在性教育的领域也是一样。所以，在我们的日常生活中做好亲密关系实践，也是对孩子的性教育。

★父母要先去掉自己对性的羞耻感、罪恶感、污名感，把性教育当作和别的教育同样的教育。

★我们不要打击孩子，不要谴责他、咒骂他、体罚他，要抓住他的正能量赞美他，让他更加爱自己。

★在互联网渠道占据青少年获取信息绝对优势的今天，很多家长操心的内容该变一变了：孩子们不是知道得太少，而是知道得毫无界限。

★父母相处的状态，父母亲密关系的呈现，也是对孩子的性教育。

2. 爱而不会爱，就是控制和伤害

孩子是人，每个孩子都是独特的，父母要尊重孩子自己的权利，这个权利包括他自己的价值观、自己的选择，所以管制本身是对孩子权利的剥夺。

孩子的一切是他自己的，我们要做的一切努力是让他有能力做出对自己和他人负责任的选择，而不是替他选择，更不是规训他。我们相信同样一件事情，对于有的人来讲是好的，对于有的人来讲可能带来创伤。我们不是简单地给孩子规定一个对错的标准。我们要做的，只是让他知道怎么避免创伤，或者遇到创伤如何走出来。

无条件地尊重孩子自己的选择。即使他因此受伤，也是成长。

懂得增能赋权的父母，是真正尊重孩子的父母，孩子不会以伤害自己来反抗父母。

★ 家长在孩子其他方面的教育是什么态度，也将和性教育上的态度是一致的。是鼓励孩子成长，给孩子充分的自由，还是对孩子进行极大的管制，一定也体现在家长的性教育上。家长几乎不可能在其他教育方面很开明，在性教育上很保守；或者在其他教育方面很保守，在性教育上变得开明。

★ 父母不是“管理者”，在“管”着孩子，而应该是促进孩子增能、赋权的角色，充分尊重孩子，甚至无条件信赖孩子，允许他们有自己的生命探索。只有在相互尊重的基础上，孩子才可能学习对自己和他人负责。有的父母通过各种方式“监控”孩子，甚至侵犯孩子的隐私权，这样的事千万不能再做了。

★ 亲密关系有各种各样可能的呈现，不可能一切都是你事先“管教”好的。所以主张管的家长表面上在爱孩子，实际上这种管制的方法不是害了孩子吗？因为你剥夺了孩子成长的机会，剥夺了他做一个“成人”的机会。

★ 要记住：你爱孩子，就要支持他。只要他的行为没有伤害到别人或自己，就应该支持。所谓的支持，就是支持他的选择，因为那是他被赋权之后自己的选择。除非他的选择明显侵犯到人权，伤害到别人或自己，触犯法律了。

你为了保护他不触犯法律，不被警察抓起来，可以对他强制一点。

★ 但是我认为从小尊重孩子的赋权教育不会让孩子做出那样的行为，通常越是禁止、惩罚、恐吓，孩子才越有可能走上伤害自己和他人的路。

★ 孩子从父母那里受的所有伤害，都是来自父母自以为是的“爱”，这种“爱”其实是控制。父母要改变“控制”的自我定位，真正把孩子当作一个独立的人。

★ 要警惕的是：多数家长爱孩子而不会爱。他们一心想着让孩子成长的过程中别受伤。但是，如果你剥夺了他成长的机会，他怎么可能不受伤？

★ 好的性教育一定可以让你的孩子在离开你的时候，能够独立面对人生中的各种风雨，不仅在亲密关系领域，还包括所有其他领域。为什么？因为好的性教育在帮助孩子成长，学习如何对自己和他人负责任。

★ 没有父母出生时就是父母的，成为父母是我们学习和成长的过程。所以，要接纳自己的不足甚至失误，但同时要努力学习和成长。

★ 如果孩子并不知道那个选择的后果，那是因为你前期提供的知识有问题、不够充分。如果你已经充分提供了，但他还是要做出你认为有害的选择，你也要反思一下你关于“有害”的判断是否准确。

★ 如果有些时候你接受不了孩子的选择，比如孩子看A片，或者过早发生性关系，你怎么做？你仍然要理解和接纳他。当然，你可以反复跟他强调：自主、健康、责任。因为你简单的反对和惩罚不见得有效果，只会使孩子离你更远，所以你要先理解和接纳他，然后再引导他。

★ 对于一个选择了非主流生活方式的孩子，他自己能够开心就可以了，我们的迷惑许多时候是因为我们无知。

★ 不要用你的想法去想孩子的思想，孩子的想法和你的不一样。

★ 我们从性教育的角度来谈如何爱孩子。最重要的是：我们要尊重孩子，不把他当作父母的私有财产，不把他当作“我们的”孩子。他是他自己，是一个独立的人，一个需要被尊重，包括被父母尊重的人！这才是我们应该有的态度。

★ 心理学家佛洛姆说过一句话：“父母对孩子的爱是世界

上最艰难的爱。”为什么？因为所有的爱都是把你爱的人留在身边，但是父母对孩子的爱却应该是让孩子有能力不断离你远去。因为你让他成长了，而远去的时候，他有自己独立、成熟的思维，能够处理好即将面临的各种风雨挑战。如果你希望你的孩子未来有力量独自面对挑战，那你就要从他小时候开始，进行增能赋权的教育。

要成为孩子的同伴，用平等、尊重、倾听的态度对他。尊重孩子是性教育当中非常重要的一点，你看到的不等于他看到的，你想的不等于他想的。

父母想保护孩子不受伤害，把他们放到襁褓里，但在襁褓里没有办法学会走路。你又不能照顾他一辈子。最晚到大学，他便会离开你的视野，你没有办法“保护”他了，但他还不会“走路”。你说这是谁的错？

如何纠正以前性教育的错误？从现在起，用正确的理念、正确的方式，讲正确的性教育就可以了。如果其中涉及和以前讲的内容有冲突的地方，那家长可以坦然地“自查自纠”，告诉孩子：父母也在成长，父母意识到以前错了，所以这次改了；你们以后如果在学习、交友中，发现自己以前错了，也要勇敢地改正。这样，性教育就又延伸为人生的教育。

3. 言传身教是最好的性教育

★ 父母的相处方式、亲密关系模式，就是孩子学习建立亲密关系的榜样。这一点很重要，家长们需要时刻牢记，才能谨言慎行。

★ 当着孩子面也可以拥抱吗？当然可以。可以接吻吗？当然可以。可以表达爱吗，可以说“我爱你”，诉说衷情吗？当然可以。这些都是让孩子感到安全的亲密关系的表达。孩子目睹父母之间的爱，会感到幸福、安全。然后他也会学习到将来如何跟别人建立亲密关系，所以我们鼓励父母在孩子面前表达你们的爱。

★ 父母在孩子面前可以表达亲密感情，但也不要亲密起来没完。

★ 夫妻之间、伴侣之间日常交往的过程，就是你的孩子从原生家庭当中学习亲密关系的过程。比如爸爸进不进厨房，参与不参与做饭？都是妈妈一个人做饭？爸爸是不是带孩子，关心不关心孩子成长？夫妻两个人在一起是亲密还是吵闹，是冷漠还是相互支持？总是女人照顾男人，还是互相帮助？这些都是孩子学习亲密关系的过程，他们未来的亲密关系模式就在这个过程中建构起来了。所以你现在跟你的伴侣怎么做，你的孩子未来就跟他的伴侣怎么做。

★ 在缺爱的家庭中长大的孩子，更渴望在与异性的亲密关系中得到温暖，虽然这可能是一个永远无法满足的渴望。

★ 在一个家庭中，夫妻关系是核心，这个核心维持着家庭的稳定，当孩子同父母其中一方关系紧密，而对另一方不加关注的时候，家庭中的这个核心关系就会出现问题。

★ 孩子会学习父母的交往方式，如果看到父母有冲突就会受到伤害，内心就会缺少安全感。如果不能做出改变，你也必须要告诉孩子：爸爸妈妈这样的表达方式是不好的，你不要学。

★ 孩子在和父母一起生活的早期，便在学习如何建立亲密关系，以及亲密关系中的双方是怎样做的。父亲在场就是一种性教育——性别平等的教育，男性家庭成员的教育，男性承担家务责任的教育。这些都非常重要。

很多没看到过父母表达亲密、关心和爱的孩子，长大后跟相爱的人在一起时，会尴尬得很，不知道怎么表达爱意。

尽量多给孩子爱，多给他们关心，给他们温暖，有机会还要给他们一些引导和性教育，所以再忙也不要忽视了孩子。

亲密关系是人一生中特别而强烈的生命体验，是人生中最美好、最重要的财富之一。父母建立起良好的亲密关系，相当于通过这种方式，递交给孩子一份宝贵的财富。

4. 父母自身亲密关系不佳，仍然可以进行好的性教育

★ 父母之间的亲密关系如果比较糟糕，又无法调和，就要在教育上包括性教育上下更大功夫。这其中便包括你要让孩子认识到好的亲密关系是什么样子的。孩子通常在原生家庭当中通过观察父母来进行成长，那你就要告诉他这个观察是不行的，因为我与伴侣的亲密关系是不好的，好的亲密关系应该是什么样子的。家长要首先把这个分享给孩子，即使这对于家长也很困难。

★ 自身亲密关系不佳的父母要告诉孩子：人类关系中爱情、亲密关系仍然有很好的，你应该自己思考和探索对于亲密关系的态度，而不应该受我们这些失败经验的影响。

★ 父母出轨对孩子的负面影响，同样和社会主流文化的建构有关。婚外情若被孩子发现，可以告诉孩子人类情感

的复杂多样性，这也是一个性教育的机会。进一步，还可以说明，父母的情感与性是我们自己的事，并不影响我们对你的爱。

★ 单身父母自己的性实践、亲密关系实践与对孩子倡导的价值观应该是一样的，如果你跟孩子讲性的纯洁守贞，而你自己频繁更换性伙伴，不断带男朋友或者女朋友回家过夜，孩子会形成混乱的认知。

★ 明智的单身父母，通常不会在与一个人建立稳定的情感关系之前，就带他或她见自己的孩子。

★ 如果你在情爱关系当中有创伤，不要把自己的创伤带给你的孩子，不要把你对于情爱关系的负面认识灌输、强加给你的孩子。

★ 我看到过很多家长在离婚之后，妈妈说爸爸坏话，爸爸说妈妈坏话，甚至有人格侮辱，说男人怎么样，女人怎么样了。这些个人的看法和态度可能会深深地伤害到孩子。因为孩子对于这些亲密关系形成了负面的认识，他未来将更难开展亲密关系，甚至可能在家长的影响下对异性有非常差的刻板印象，产生一些污名化的认知，比如认为男人都很坏、不可靠等。

★ 有的妈妈把对爸爸的怨恨，拿出来让女儿分担，这样做对孩子的成长是不好的。成人之间的问题，许多是非常复杂的，有时难以简单判断谁对谁错，每一方都会有自己的理由。让孩子过早介入成人间的争端，特别是培养简单的怨恨情绪，可能会影响到他们未来亲密关系的建立。

★ 有大量的研究显示，更少得到父母关爱的孩子，他们会更早地有性行为，而且通常是没有经过思考、没有认真负责的、草率的性行为。因为他们在父母那里得不到温暖和爱，所以到别处寻找。

★ 有机会应该引导孩子认识到：父母间的矛盾可能有各种原因，不应该简单谴责或憎恨一方，更不应该对亲密关系失去信心；无论父母间的关系如何，他们都是爱你的；孩子不应该介入父母间的争执，应该做自己该做的事，比如好好读书，孩子的健康成长是父母双方都希望看到的。

性教育

第四辑

性教育从零岁开始

1. 不要将“性”特殊化

不把与性有关的身体部位特殊化，既不刻意忽视，也不刻意强化。

我们主张使用准确的名称称呼身体部位，比如用“阴茎”，不用“小鸟”“水壶”之类的外号。

我很奇怪为什么“阴茎”不适合孩子的年龄呢？为什么胳膊、手、脚趾头、脑袋、肠子等就适合孩子的年龄呢？背后不是适合孩子年龄与否的问题，而是我们的观念，我们对性羞耻、羞怯，才回避、不使用准确科学的名字，才说“小鸡鸡”“水壶”。

性像吃喝一样是人体的一种功能，有什么可特殊化的呢？性器官像任何人体器官一样，都是我们身体的一部分。如果家长向孩子介绍性器官时，用平静的语气神态，像介绍胳膊、手一样介绍性器官，就能够从小培养他们对性的平常心。

★如果你的孩子还很小，我建议你可以给他做两个布娃娃：一个男娃娃，长阴茎、睾丸；一个女娃娃，有阴道，肚子里还可以放个孩子，再给他们穿上衣服。孩子都喜欢玩娃娃，如果你让他玩这样的娃娃，就可以同时讲很多性教育的内容了，比如，男女的生理差异，生命的来源，预防性侵犯，等等。

★父母和孩子是否需要分床睡？是否可以共浴？电视中出现亲密镜头怎么办？等等这些问题，其实都涉及我们如何看待自己的身体，想培养孩子什么样的身体观以及亲密观。

★一个孩子的性态度、性价值观、性行为方式是受许多因素影响形成的，不会仅仅因为一件小事而决定。

★不要觉得自己是异性家长，就认为和孩子谈性比较暧昧，这说明你内心对性还是有羞怯回避的态度。给孩子讲数学你也要分性别吗？所以性别不是问题，父亲跟女儿讲，妈妈跟儿子讲，摆对了家长的角色、位置，就是一样的。

★在电视上看到亲热的镜头，你故意支开或者换台，等于在强化刚才的画面，这种强化等于说：以后这样的情景，

你要仔细看哦！你等于增加了这些情节的神秘感，还强化了孩子的好奇心。最简单的好办法就是自然而然地看。当然，如果有机会、有能力的话，家长需要评点和引导一下。

2. 家庭性教育在细微的小事中进行

★家庭性教育不适宜像讲课那样很正式地进行。但是，父母仍然可以通过日常生活中的小事来进行性教育。

★如何才能做到利用身边的小事对孩子进行性教育呢？

第一，你要时刻准备着，孩子有可能随时会问你问题，你也可能随时会遇到进行性教育的机会；

第二，对孩子可能问到的问题，你要事先想好答案。

★各位家长可以引导孩子一起批判经典作品，不要让孩子觉得某些作品是不可批判的。比如《白雪公主》和《灰姑娘》，我们利用它们讲性教育时，也会同时批判这些经典作品。这种批判意义非常大。这是从小在培养孩子“经典作品也可以进行批判”的意识，让他们知道权威也是可以挑战的，每个人都应该独立思考并且可以提出质疑，这些

都是人类社会顶尖人才所具有的品质。所以好的性教育能够起到这样一系列促进人格成长的作用。

★《白雪公主》的电影开篇是这样讲的，白雪公主的妈妈去世了，爸爸找了一个后妈，后妈很坏，总欺负白雪公主。看到这里，你就应该告诉孩子："错了！写这个电影剧本（童话）的人写错了，不是所有的后妈都是坏的，也有好后妈和好后爸。"我们不应该把后妈后爸污名化。

★他们不发问，不等于不需要性教育。幼儿时期可能以发问为主，年龄大些后，家庭性教育就不是单纯围绕孩子发问了，家长遇到相关问题的处理态度成了关键。比如，孩子恋爱了、看色情片了……你对孩子这些情况的态度，都非常重要。

★遇到有情感、婚恋、性有关的公共事件，可以和他一起讨论。有时孩子不一定愿意参与讨论，那么父母可以在孩子旁边聊此类话题，说给孩子听，引导他。

★我们要尊重每个人、每个家庭表达亲密关系的方式。一对母子嘴对嘴的表达亲密关系的方式，如果他们自己觉得挺好的，我们便应该接受。亲密关系不应该被强行规范为一种单一模式，人和人之间是不一样的，不应该整齐划

一。当然，你不喜欢和孩子嘴对嘴亲吻，也不必强求自己，每个人都有自己表达亲密的方式，不需要对性这么敏感，这么多疑。

★ 家庭教育通常要在耳濡目染中完成，包括可以在游戏当中进行。

★ 一位妈妈说自己对性教育羞于启齿，但又想给孩子进行性教育，问我该如何进行。而且她说她和孩子的关系不够融洽。我回答说：

第一，既然对性教育羞于开口，可以推测你对性的价值观不是指向健康、快乐、幸福的；

第二，正确健康的性教育需要大量关于性的观念和知识的储备，临时恶补，不太可能立即转化成性教育能力；

第三，青春期的孩子本就敏感，在亲子沟通已经不够坦诚的情况下，再去谈“性”这种敏感话题，基本就会走一步踩一个雷了。

★ 需要特别提醒家长的是：相信专业人士，尊重他们的意见，不要再用自己的性价值观去干涉专业的性教育。

★ 要告诉孩子的是，人生总会有各种磨难、挫折和困扰，这些是避不开的。比如接受了性教育，知道的比别人多，

被同学们非议很烦心。我们没办法让别人只说自己喜欢听的话，只做自己喜欢见的事。但有一件事我们可以做，那就是清楚自己做得对不对，不让别人的言论影响到自己。内心坦然，便可以我行我素。

3.“我从哪儿来的”，如何回答的背后有复杂的价值观

孩子问：“我从哪儿来的？”你如果不实话实说，便是坏的性教育，会导致孩子心中性的污名化，身体相关知识的污名化。

有一个回答“我从哪儿来的”的流行版本，许多人以为很好，其实很不好。这个版本是：“妈妈的身体里有一个房子，爸爸的身体里有一个种子，种子经过爱的通道，到房子里……”为什么说它不好？

第一，幼儿教育应该把复杂的问题简单化，它把简单的问题复杂化了。孩子有可能追问“爱的通道”是什么？怎么通过通道的，打车去的？骑小黄车去的？

第二，它回避了性爱的内容，等于没有回答孩子的问题。

★两三岁的孩子问这个问题，你可以简单地说是从妈妈肚子里生出来的，总之实话实说，这时孩子通常就满意了。如果有一天他不满意了，问自己怎么进到妈妈肚子里的，你就不能回避了，要说性爱的环节了。

★不要担心孩子理解不了。他问到的，就是他能够理解的。

★说到“我从哪儿来的”时，家长不讲性交这部分内容，就以为孩子不知道怎么“插入”了吗？他们会知道的，从小电影或者什么其他地方，很多小孩几岁就开始模仿了。所以，最好的办法就是主动告诉他，这样就可以和他进一步分享这么做的责任、权利与安全，只是简单回避就使孩子失去了成长的机会。

★我们不怕告诉孩子性交的真相，重要的是如何引导孩子认识性交，怎么看待性交。

告诉孩子：成年的、彼此相爱的情侣之间，有一种表达爱情的方式，就是做爱。做爱就是阴茎在阴道里抽动。但是，未成年的小孩子“抽动”会伤害身体，可能得病，进入青春期后的“抽动”还可能怀孕生下小宝宝。如果有人要和你玩“抽动”的游戏，那就是不怀好意，你要坚持拒绝，必要时报警求助，还要告诉父母或老师……

这样，就不再是被动地回答问题，而变成了主动的性教育。这不仅回答了孩子对“做爱”的疑问，还告诉孩子为什么不能做，性交的年龄标准，同时告诉孩子如何自我保护、预防性侵犯，等等。

★ 我们害怕讲性交，但我们敢于讲艾滋病，这不是很可笑吗？没有性交，哪有性病、艾滋病？这是我们长期的性教育缺失、守贞教育造成的后果。坦然告诉孩子什么是性交就可以，同时也告诉他们——性交的责任、权利与安全。

4. 和父母同睡，是孩子获得亲密感的重要方式

小孩子都是喜欢和父母一起睡的，那是获得亲密感、安全感的一种渠道。

不要过早地剥夺孩子跟父母在一张床上感受爱、亲情、呵护、安全这些幸福要素的机会。

某些心理学书说的“三五岁不分床影响孩子性心理健康”，这是胡扯。一张床睡觉，最多你打呼噜时影响人家睡眠质量，和性心理有什么关系？除非父母做爱，把孩子吵醒了，又不说清楚。那你们怎么这么没有创意，非在床上做爱？担心一张床睡觉，身体被孩子看到？我们还鼓励一起沐浴呢。

和父母睡在一张床上，是孩子感受呵护和温暖的一个过程，对孩子意味着幸福、安全、爱，等等。如果强行分

开，就剥夺了这些感受，孩子哭得死去活来，这时候他幼小的心灵就已经受到伤害了。

孩子渴望和父母同床共枕，特别是和许久见不到的父母同床共枕，也是常见的、正常的要求，是渴望和父母亲密接触的心理使然，正常的亲密接触不会影响孩子的健康成长。

和孩子分床睡，你想的是“性”，孩子想的是亲密感。他可能会觉得被你抛弃了。

当然可能有的家长会担心：“什么时候该分开呢？分不开怎么办呢？总得有个分床的时间吧。”国际上性教育的经验是：睡到有一方不舒服的时候，就可以分床睡了。

有妈妈说，儿子才一岁，我就觉得在一起睡不舒服了。那你可要检讨一下：是什么使你不舒服？是脑子里想着那些心理学教科书上的蠢话不舒服的？还是孩子在旁边让你睡眠不好造成不舒服的？

父母和孩子具有一样的权利，如果父母中一人觉得再和孩子同床共枕不舒服，那就应该分开。因为父母的感觉一定是有理由的，父母违背自己的内心感受，也不好。但是，我们主张父母先问问自己，是否受了传统心理学关于

父母要早早和孩子分床睡的影响，才会有这样的感觉。另外，父母决定和孩子分床睡的时候，也应该采取说服、劝导的方式，让孩子心悦诚服地接受，不能让他感到受伤害，感到被剥夺。其实做到这一点并不难，比如给孩子讲一些长大了要自己照顾自己的道理，给孩子换全新的卡通床单、枕巾来“诱惑”他，等等。

5. 浴室是进行性教育的最好场所

赋权型性教育主张，孩子应该从小看到父母的裸体，父母应该跟孩子从小一起自然地沐浴。我说的不是爸爸和儿子，妈妈和女儿，而是“父母跟孩子”，无论男性还是女性一起沐浴，甚至三个人一起沐浴。浴室是很好的进行性教育的场所，在浴室了解身体的差别非常自然。

浴室是进行性教育的最好场所。全看明白了，全问明白了，自然而然。不然呢，你特意脱了给孩子看？

如果有和父母双方共浴的经验，孩子对异性的裸体就不会感到陌生，性的神秘感便从一开始就不会出现在他的意识中，他看两性的差别，就像看一幅图画和另一幅图画一样。

一起沐浴就不会有对身体的羞耻感、污名感，好奇心也解决了。你和孩子一起沐浴，他怎么可能去偷看女厕所，偷看幼儿园小朋友的身体呢？

★ 父母洗澡的时候，孩子来看你的裸体（注意：你理解的裸体和他理解的裸体是不一样的），只是对和自己不一样的身体有所好奇，但你可能想到了性。所以，要理解孩子和成人这些不一样的地方，要站在他的角度看问题。

★ 身体是美丽的，欣赏裸体并不是下流的，对裸体有歧视才是下流的。

★ 母亲在女儿小时候，带着女儿洗澡时一起摸父亲的阴茎。长大后会有负面影响吗？

其实不取决于做了什么，而是取决于做时的态度。估计当时更多是开玩笑，如果没有经常这样，只是偶尔一次，不会有什么负面影响。如果当时是科研般的态度，便仍是一种性教育的方式呢。

★ 父母可以和孩子一起沐浴到什么时候？直到一方不舒服的时候。

★ 有人可能说："两人总爱在一块儿洗，姑娘都十八岁了还要跟他爸洗，儿子二十多岁了还要跟他妈洗，怎么办？"还是那句话，这是他们成长过程中亲密关系的问题，是成长割离的失败造成的，是他们人格的问题，这个问题不是一起洗澡发展出来的，不一起洗澡这个问题该有还是会有。所以，不用担心一起洗澡会有什么问题，这是非常好的了

解异性身体的一种途径。

"孩子看到父母换衣服、裸体怎么办"，这也是家长经常问的。看到就看到了，你接着换就是，不用担心。对于父母在孩子面前暴露身体，这本身没有什么，只是不是刻意为之就可以。

6. 我们在娘胎里就开始自慰了

★ 孩子从什么时候开始自慰？B 超观察的结果是，孩子其实在娘胎里就开始自慰了。

★ 我们有充分的理由相信，在婴幼儿时期，男生和女生基本上都自慰。

★ 关于自慰，过度就做不了了，能做就没过度。自慰次数不会过度，方式可能会“过度”。

★ 自慰会对孩子有好处，应该感到开心才对。孩子看电视开心了你也开心，玩游戏开心了你也开心，吃饭开心了你也开心，唯独人家自慰开心了你生气，这不挺奇怪的吗？自慰是自己的事，只要对孩子、对他人没有伤害，你当然应该替他开心。

★ 婴幼儿自慰，需要关注这样几点：

第一，不要让他们伤害自己；

第二，注意私密，毕竟自慰是私密的事；

第三，等孩子再大一些你就要告诉他，自慰没有害处，别人怎么告诉你有害你都别信。

什么是无害的自慰方式呢？我自己讲课的时候，会跟孩子讲最安全的自慰方式。男生最简单的就是用手心握住阴茎撸动；女生最简单最安全的就是用干净的指肚环状揉搓阴蒂，同时夹腿。

自慰是一种很正常的行为，但在课堂等公共场所自慰是错误的。我建议要“晓之以情，动之以理”地帮助孩子，告诉他：自慰没有过错，但我们现在的社会文化认为这是涉及个人隐私的私事，所以不应该在公开场合做，可以私下、一个人的时候做，比如晚间在床上。隐私对每个人都是重要的，是个人尊严的体现。如果在教室自慰，别的同学看到了，可能会不再喜欢你，觉得你不懂得保护自己的隐私。

这样的教育，一是安抚了孩子，告诉他说这不是坏事；二是清楚地告诉了孩子在什么场合自慰才是被文化接受的；三是进行了隐私观念的教育，这有助于孩子今后懂得尊重自己和他人的隐私。

自慰有害论本身建构的有害，才是自慰对你最大的伤害。也就是说，自慰最大的害处，是你对自慰有害的担心。

男性多自慰，对性积极；女性少自慰，对性消极。所以，不自慰可能伤害了女孩。

做父母的，愿意你的孩子更喜欢性更开心，还是不喜欢性，直到结婚之后也不喜欢，没有性的高潮？如果你想她更开心，你就应该支持她自慰。

7. 幼儿的性游戏也是游戏，不必如临大敌

两个异性的小孩子，什么时候分床、分房好呢？这个问题的背后，可能是担心异性的孩子之间有性游戏。首先不要对性游戏如临大敌，它是很多孩子幼年的一种身体探索。重要的是，这与分床或分房与否没有必然的关系，家长要关心的是从小对孩子进行性教育，消除身体，特别是异性身体的神秘感，同时进行身体权的教育。这才是问题的关键。

小孩子之间的性游戏非常常见，不需要如临大敌。你也可以针对性游戏进行性教育，但不可以训斥、惩罚孩子。

做爱被孩子看到了怎么办？还能怎么办？别继续做了呗。

小孩子看到父母做爱通常有些困惑或害怕：为什么爸爸要欺负妈妈？或者为什么妈妈欺负爸爸？这时要告诉孩

子：这是爸爸妈妈在做爱，做爱是因为我们相爱，你将来长大了，遇到彼此喜欢的人，彼此愿意，也会做爱。

★对孩子说，做爱是很私密的事，不能让别人看，即使是自己的孩子也不能看。看别人做爱，也是不对的，因为那是窥视了别人的隐私。每个人应该从小学会尊重别人的隐私，当然也要尊重自己的隐私，不要让别人看。

★不要害怕和孩子有身体亲昵，这种亲昵对孩子来说可能只意味着亲情，和成人的想法不一样。但也应该回避在祖父脸上“蹭小鸡”这种事，这属于自慰了。

在这个过程中，要慢慢给孩子建立起这样的身体观：关于身体界限、隐私，以及尊重他人和自我尊重。家长如果没有觉得孩子这样做是对自己的不尊重，而且孩子对外人也不会这样做，就不必过分介意这些事。

★一个女孩有处女情结也不是不可以的事情，个人价值观而已。但我们要看到这背后是贞操观对女性的压迫。而这种贞操观对女性的压迫来自哪里？来自早期的性教育。

★一个四岁的孩子在街上看到人流广告，问父母什么意思。父母很焦虑，其实不必。首先，对这个孩子来说，可能只是多认识了两个字“人流”而已；其次，家长也可以

把这当成很好的性教育机会，比如直接告诉孩子什么是人流，为什么有人要去做人流，让女孩知道怎样才能保护好自己不受伤害，让男孩知道要做个有责任心的男子汉。

一个小学女生和妈妈逛博物馆时，指着一幅裸体油画说“下流”。妈妈可以告诉她不同的人对裸体的看法是不一样的，妈妈看这些裸体艺术品是非常自然、不觉得肮脏下流。也可以跟她谈谈这件艺术品的故事，增加她对艺术与美学的了解。

第五辑

预防性侵，要点是身体权的教育

1. 只讲防性侵的教育可能是有害的

★ 性骚扰只是与性有关的亲密关系当中的一小部分，性并不都和骚扰结合在一起。性本身是美好的。

★ 单纯讲防性侵的教育是有害的。因为它传达的都是性的负面价值观，有可能让一些没接触过性的孩子产生对性的羞耻感、罪恶感，甚至影响他未来亲密关系的建立。防性侵教育，必须放到性教育的整体中进行。

★ 性教育一定要讲正面的性价值观，不要只突出负面因素。性是美好的、正面的。如果我们不讲性教育，只讲防性侵教育，慢慢青少年就会形成一种思维，即性与侵害联系到一起。这是对性的妖魔化教育，会造成青少年对性感到恐惧和羞耻的后果。性教育应该有多元的、丰富的内容，是强调青少年自主权利的教育。

★我们应该要做的是全面的性教育，而不仅仅止步于强调防性侵。如果我们只强调不要被性侵、不要被损害，有可能误导青少年对性的正确认知。比如女孩会对性产生诸如畏惧、厌恶等心理，对异性持有不可靠的偏见。

★我主张，防性侵教育最多只占性教育的六分之一，性不应该被污名化，给孩子讲性的时候，不应该只讲性侵。让孩子们全面地思考和认识性，才是更重要的。

★帮助青少年预防性侵犯，需要进行“赋权型性教育”，鼓励孩子自己成长、自己理解。赋权型性教育的核心是，给受教育者力量，让他们有能力、有权利来决定自己与性有关的事物，包括应对性侵犯的能力。

★要警惕旨在避免青少年受到性侵犯的保护，演化成对他们情感和欲望的否定，演化为对他们在所有方面独立自主权的剥夺，其结果是防性侵教育变成了“性规训”的一部分。

★对于我们认为可能会伤害到青少年的情境和事物，我们通常采取避免让青少年接触到的手段，包括努力灭绝这些事物，比如扫黄打非、互联网管控。这样的管控一方面从来没有真正成功过，另一方面让青少年生活在真空中，

当受到性侵犯的时候，却没有能力应对。

★ 有的女性恋爱时没有过任何亲密行为，即便结婚了也拒绝性行为，有的甚至几年间拒绝和丈夫发生性关系。为什么？她内心有深深的对性的羞耻感、罪恶感。这些所谓的女性的性障碍、性唤起障碍等的背后，都能看到她早年接受的性教育的影响。

★ 家长肯定不愿意将自己的女儿培养成一个未来会性冷淡、拒绝性关系、需要找医生治疗性障碍的人吧？单纯的反性侵教育，单纯的性的羞耻化、污名化的教育，就可能导致这样的结果，这是我们要警惕的。

★ 我觉得性侵的问题不是孤立的，孩子被性侵不是单纯缺乏防性侵教育的结果，而一定是缺少全面的性教育的结果。

★ 如果一个孩子得到的关于性的信息都是反性骚扰的，那么你想一下，这个孩子会对性留下什么印象？如果孩子接触到的关于性的信息都是负面的，在孩子的心中会形成什么样的性态度？

★ 只讲预防性侵犯、预防性骚扰的教育是非常危险的，甚至可能有害。我们也需要去讲性愉悦，性是正面的、积极的，性侵害、性骚扰只是和性有关的非常小的一部分。

★ 不要以为前几节对性侵犯说“不”的课学完就具备预防性侵犯的能力了。能力的增加是一个系统工程，性教育是人格成长中重要的一个环节。

★ 几节防性侵的课程是无法真正预防性侵犯的。真正能够对性骚扰、性侵犯说“不”，需要这个人内心非常有力量，而这只能是全面的增能赋权教育带来的。

2. 性骚扰，侵犯的不是你的贞操，而是你的身体权

对我们所有身体部位的伤害，都侵犯了我们的身体自主权。对和性有关的部分的侵犯，并不应该被看作更严重。

如果我们不把性侵犯回归到身体权这样的层面上，我们就永远没有办法真正帮助到那些被侵犯的女性。

好的性教育应该讲身体权，讲每个人的身体权不受侵犯。你摸我的乳房，有性的意味，和你只有攻击意味地踢我一脚，甚至打我脑袋一下，是一样的，这样的做法都是侵犯了我的身体权。也就是说，要树立这样的概念：性侵犯是对身体自主权的侵犯，和对你身体其他部位的侵犯是一样的；侵犯别人身体权这件事情很坏，并没有什么特别的。

我个人认为目前防性侵教育最大的问题是：只把目光

盯在性上。可能有人会说：不是性是什么？防性侵不是谈性吗？不是的，在我看来，应该把它看作是身体自主权的教育。

要保护我们的身体自主权不受侵犯，而不只是保护我们的乳房、阴茎、阴道、屁股不被别人摸。

我们没有办法一边告诉被性侵者说这是很严重的事情，要报警、要战斗；一边又告诉他（她）这没有什么，你仍然是你，你什么都没有损失。这不是很矛盾吗？而当我们把性侵归入对身体权的侵犯，和打了你的头，打了你的脸都一样，那样她便能获得反抗的力量。这样去描述并不是给施暴者开脱，而是给受暴者力量，真正给受暴者增能赋权。

一个非常荒谬的事情是，有时候我们把阴道贬得很低——那里是不能谈论的，那里是令人羞耻的；有时候我们又把它抬得很高——一旦阴道被侵犯了，你的人生就毁掉了，你最重要的东西就丢掉了。

3. 比“贞操”更重要的，是生命

防性侵教育的核心在于：让青少年懂得，我的身体我做主。这种性教育，是男女都一样的，不应该有性别差异。

赋权型性教育主张，应该清楚地告诉孩子：男性也可能被性侵，男性、女性都可能性侵男性。

如果强调男孩只可能受到同性恋者的性骚扰，有可能变成对同性恋的污名化。

儿童性侵害不光指女童，男童受性侵害的事件也非常多，而且男童受性侵害后对其人生的影响绝不亚于女童。如果把性侵害仅定义成对女性的性侵害，那会是危险的。

家长还需要跟孩子讲：对你性侵犯的可能是你的熟人，也可能是陌生人，可能是老师，甚至可能是你的家人。

一般的反性骚扰课程会说泳衣遮起来的部位被人触摸，

那就是被性骚扰了，但是我们认为所有让你不愉快的身体接触都可能是性骚扰。

★ 我们现在有一些教育说为了惩罚坏人，为了促进社会公正，如果你遇到性骚扰，就一定要报警。但是每个人内心的力量是不一样的，报警是需要付出代价的。如果他（她）感到报警对自己有很大的压力和威胁的话，他（她）不需要因为政治正确而被道德绑架，他（她）也可以选择自己的方式来处理这件事情，他（她）有这个权利。

★ 我们要告诉孩子们生命是最重要的。当你求助无门，呼救没人听到，跑又跑不掉的时候，一定要记住：不要以死抗争，生命要紧。

★ 赋权型性教育主张，不能别人碰你一下，你感觉不舒服了，就判定对方是性骚扰。你还要给自己一个判断的时间，给别人一个澄清的机会，对方也可能是偶然、意外碰到，或者彼此的理解不一致。你可以瞪对方一眼，表示你的不满，如果他（她）还有进一步的行为，那就可以确定他（她）是故意的了。

★ 对于重组或者再婚家庭，不应该让女儿以继父为假想敌。应该教育孩子保护自己的身体权，而不是让她处处

自危。

周围都没有人你就别喊了，喊也听不到，对不对？如果你跑不动，又打不过他（她），怎么办？希望能考虑到一点：生命最重要。生命没了，你拼死护来的“不受性侵”还有意义吗？

4. 被性侵不是你的错

★ 无论怎么预防性侵害，一定还会不断地有人被性侵。被性侵之后该怎么办？这是同样重要的、应该被关注的问题。

★ 受害者永远不该被谴责，也不必自责。

★ 告诉受到性侵害的孩子：你没有任何损失；性器官受到的伤害与身体其他器官受到的伤害应该被平等对待，都是对身体自主权的侵犯，而不是对“性纯洁”的侵犯。这样讲不是替施暴者减责，而是避免受害者陷入“我不纯洁了”的错误认识。

★ 很多受侵者特别是女性会觉得：我毁掉了，没有人要我了，我的人生很糟糕，等等。家长需要告诉孩子不是这样的，你什么都没有失去，你依然是你，这是很重要的一点。如果孩子内心受到创伤，有惊恐情绪表现，可以去做心理治疗帮助孩子走出阴影。

★ 无论孩子受到什么样的性伤害，父母和老师都要做到：鼓励他（她）说出来，接受他（她）的坦诚诉说，告诉他（她）没有什么过失，有错的是施暴者，父母和老师仍然爱他（她），他（她）没有任何改变。

★ 无论是受性骚扰还是被强奸，孩子跟你说了，你就要相信孩子。有的家长不相信孩子，特别是熟人强奸的情况。不相信的另一层潜在心理是家长不知道该怎么办，他们觉得尴尬，不知道该怎么处理。

★ 这个时候家长的不信任态度，甚至对孩子的责怪，如训斥说“别乱说，你理解错了！”之类的话都会伤害孩子。如果一个被性侵了的孩子对你说出来，其实是鼓足了非常大的勇气的，你的不信任是对他（她）的二次伤害。

★ 如果我们的防性侵教育变成性的贞操教育，反而会加重被性侵者可能受到的伤害。

5. 青少年施加性骚扰，说明我们的性教育没做好

★ 性骚扰本质上是对身体权的侵犯。家长不仅应该让孩子学会如何应对性骚扰，还要告诉孩子不要去性骚扰别人。

★ 如果防性侵教育，只讲预防性侵，不讲不侵犯别人，就很奇怪。

★ 对施加性骚扰的孩子应该怎么做？首先一定要批评教育，还应该考虑年龄、性质、侵犯的程度等因素，重点帮助教育。

★ 在教育中我们主张用正面的激励，在性教育领域也是一样，那些未成年人在性上犯了错误，我们也应该同样来帮助他们。要知道他们犯的错误是我们性教育没有做好的结果，他们实际上也是我们成人未做好性教育的受害者。从这个角度，可以更好地启发他，给他力量，让他成长！

★ 永远不要放弃那些在“性”上犯了错误的孩子。

★ 社会上有很多预防性侵犯的教育，存在跑偏的地方，我担心这会破坏一些人与人最基本的信任。比如在一个教育案例中，老师让女孩子们看到拾垃圾的流浪汉就躲开。这样的教育是否会让学生对社会弱势群体产生歧视与偏见？

★ 反性骚扰的教育如果导致人际关系恐慌，人与人之间好感的表达、亲密关系的表达受阻，那这个教育就有失偏颇了。

★ 不要把所有男人都想象成性侵犯的施加者，这也是不公正的。

第六辑

离开性别，我们无法理解什么是性

1. 社会性别意识应该贯穿性教育的始终

★ 在进行赋权型性教育时，必须贯穿社会性别意识。为此在实践中应注意三点：一是进行颠覆社会性别刻板印象的性教育；二是在进行社会性别平等教育时重视男性参与教育；三是应进行性别多元的教育，包括性别气质的多样化以及对多元性别身份的实践，我们的教育应该致力于建设一个充分包容的环境。

★ 性教育中，社会性别的教育非常重要。离开性别，我们无法思考什么是“性”。

★ 我们从事性教育的人，更要有性别平等意识，要反对对女性的传统性别塑造，反对社会性别刻板印象的建构。

★ 我们倡导的性爱原则是自主、健康、责任，这有赖于女性真正的、自主的选择，也有赖于性别平等理念的普及。

即使家庭没有进行社会性别刻板印象的教育，孩子也可能通过其他渠道了解和学习。

性别认同是对自己的生理性别的认同。社会性别刻板印象往往否认个体差异，认为男性一定要这样，女性一定要那样，这对男性女性都会造成伤害。

社会上一些关于男女性差异的俗语，如“男人重性轻情，女人重情轻性”“男人总希望自己是女友的第一个男人，女人希望自己是男友的最后一个女人”……这些背后，其实都是对性别的建构。

有些童话原本是把女性塑造成第二性的弱者，但是经过我们的重新解读，它也可以变成一个把你的孩子，不论男孩女孩，都培养成人格健全的人的童话。女儿能成为一个自主自强、自立上进的女孩；儿子也可以通过这些童话的重新解读，把他塑造成一个尊重女性、爱女性、支持女性、重视家庭的好男人。如果做到这些，你还担心他（她）未来的幸福吗？

性别气质的刻板印象是把双刃剑，有时给我们带来好处，有时候也会伤害我们。

2. 兼性气质是最理想的性别气质

因为性别气质的多元已经呈现，所以很多人感到焦虑。现在是一个习惯于男性气概焦虑的时代，很多家长总担心男人不像男人了，觉得男孩需要被“拯救”，害怕他们“变成”同性恋。其实，可能他们和二十年前、三十年前的同龄人没有什么差别，他们还在成长期，“男子汉气概”还需要时间来“成熟”。随着他们年龄的增长，社会化的进一步加强，可能一切会自然地“如人所愿”，虽然在我看来这不一定是一件好事。

父亲对孩子的冷漠：你是男孩，要有个男孩样！这也是针对性别气质的一种暴力。这都是围绕阳刚来建构的，我们要认识到，这种绝对阳刚的气质追求对男生是有伤害的，让他该柔弱的时候不能柔弱，必须要扮演硬汉，而扮演硬汉的过程当中，他个人可能深受其害。

男人要阳刚，女人要阴柔，这样的文化本身是错误的，本身对我们是有害的。因此，不需要有“我儿子有点阴柔”“我女儿有点阳刚”这样的顾虑了。

★ 哭泣是疗伤的最好方式。男生的泪腺系统和女生是一样的。我们不应该嘲笑爱哭的男生。

★ 绝对的阳刚和绝对的阴柔并不是真的好，反而是有害的。

★ 许多时候，男孩的家长担心自己的孩子不够阳刚，女孩的家长担心自己的女儿不够阴柔，可是别忘了：在孩子的童年、青春期前期，性别气质的二元呈现本来就不鲜明。

★ 如果只让男人阳刚，只让女人阴柔，阳刚易碎，阴柔受欺。理想的性别气质恰恰是兼具男女两性共同优点的，这样无论在职场还是日常生活中都会更好、更有能力。

★ 我们要培养兼性气质的孩子，所谓兼性就是男性女性的气质优点，这个孩子都具备。

★ 兼性气质是一种理想的性别气质。兼具了男性和女性的优点，你的人格岂不是会更强大？内心岂不是更有力量？

兼性气质的理论有这样几个论述：

第一，男人和女人原本都具有传统意义上男性和女性的气质，每个个体一开始都可能是兼性的；

第二，整个社会化的过程就是让男人阳刚、女人阴柔的过程，这个过程让我们变得单一了，将我们做了二元划分；

第三，兼性气质的人，人格更强大，是理想的性别气质类型。

为什么说兼性气质好呢？你可以想一下，在亲密关系中，一个男人既知道照顾伴侣又懂得承担家庭责任，既会照顾孩子又会努力工作，还会做家务，多好啊！一个女人呢，她既温柔细腻、呵护孩子、关爱伴侣，同时又不把自己当作一个依附于他人的人，她也不是弱不禁风的，而是内心坚定的，在婚姻当中是一个平等的呈现，这难道不好吗？这样的亲密关系多和谐！

让女孩参与传统社会认为是男生干的事；让男孩玩他喜欢玩的东西，尽管这个东西被认为是“女生才玩的”，这些都有助于培养孩子的兼性气质。兼性气质是指男生也可以具备女生的性格特征，如温柔、细腻、体贴等；女生也可以像男生一样勇敢、果断、力量大，具有兼性气质的人能更好地适应社会。我们的社会过于强调男生应该做什么，

女生应该做什么，其实这样的二元划分是有害的。

父母该做的是从小鼓励孩子具有兼性气质，应该培养他们的兼性气质，而不是打压他们的兼性气质。

当我们的孩子有不符合传统的性别气质建构的行为表现的时候，家长要做的不是打压而是支持。

关于玩具，我们习惯于让男孩玩枪、玩汽车，让女孩玩娃娃、学刺锈，这是性别气质二元划分的教育。好的兼性教育是：让男孩女孩一起玩枪、玩汽车，一起学刺绣、玩娃娃，男孩女孩一起做这些事情，就可以培养他们的兼性气质。

性别实践是一个多元的、建构中的过程，家长最好的态度就是对孩子顺其自然。

尊重孩子的性别实践，不去干涉他，不论他的性别气质是怎样的，都尊重他。如果有人贬损他，父母更要坚定地支持他。

性别气质不等于性取向，性别气质多元呈现也不是什么坏事，并不可怕。相反，传统的二元划分的性别教育，才可能是对孩子有害的。

孩子未必是你担心的同性恋或跨性别，也可能只是性格比较内向，或性别气质比较温柔，这些都没有什么不好，不用有太多的担心。如果真是同性恋或跨性别，你也改变不了什么，不要强行干预。什么也不做，尊重他自己的处事方式，就是最好的。

3. 贞操观背后是对女性的性别建构

我们的文化，针对男人和女人建构了不同的性道德。我们鼓励男人谈性、幻想性、关注性，与此同时，女人如果做同样的事情却会遭到贬损。女人不敢谈性，对性有羞耻感，这些都不是女人真实的自我选择，而是被文化建构出来的。其背后是这个双重标准的性道德，这个双重标准，在维护男性的同时也在伤害女性。

我们反对向女孩灌输传统的处女膜崇拜的贞操观，因为这是性别不平等的教育，是歧视、伤害女孩的教育。这种建立在男女性别不平等基础上的性教育，是剥夺女性身体自主权、强化女性对性的负面认识、强化女性在性上是“弱者”地位的教育。

我们这个世界流行的贞操观念是男人们用来控制女人的，是对女人的毒害。女人在性问题上不是被动者，不是受害者，更不是附属者。女人同样可以成为性的主动者、

占有者、获益者。

以往的教育只规训了女性说“不”的意识，没有同时培养女性说“要”的能力。

有的人担心自己的女儿将来不是处女了，男人会不要她。如果是这样，那就是那人脑子里的贞操观念在作祟。我们应该告诉女儿做独立的自己，不做男人的附属品！

要传播“如何穿衣服是个人的选择，体现着不同的审美和风格”的思想，衣着只能体现一个人对美的追求，并不意味着“色情”与否。穿什么衣服是别人的权利和选择，可能出于美观或者想凉快一点，穿着暴露并不意味着有性的意义或者说并不代表这个人就很“色”。把穿着暴露和性联系在一起，其实是一种对性的污名化，我们应该对孩子进行好的性教育，帮她（他）树立起正确的价值观念。

4. 女权主义让我们更有力量

不同的人，在女权主义当中看到的东西是不一样的。有的人看到了性别平等，而我则看到了关于平等、公正等人类永恒的理想追求。虽然我的生理上是一个男人，但我感觉自己就是那个被压迫的女人。

女权主义并不是要女人卷起袖子和男人打架，而是说女人和男人，无论在社会上还是在家庭当中，在任何方面都应该拥有平等的权利。

做饭不一定是女人的专利，我们也不能通过饭做得好与不好来评价女人的价值；男人也应该做饭。

不一定爱做家务的才是好女人，事业有成的也是好女人！

有非常多具有社会性别平等意识的女性，她们几乎无一例外地会认为性别意识帮助她们成长，使她们强大，使她们耳聪目明，焕发了生命的力量。她们是如此自信，使她们足以面对任何外来压力。

★女孩也不总是胆小的，女孩也可以很勇敢，女孩也可以什么都不怕！

★中国社会在快速变化过程中，整个社会的性别意识，包括许多女性的性别意识，都在崛起。在这个过程中，个人的努力也在促进社会的改变。重要的是，社会性别平等意识可以使一个人更具有力量，而绝不会使一个人面对社会压力变得更加脆弱。

★一个女生想要去变性，仅是因为："戴文胸真的很不舒服，特别是夏天，真的很难受。"她说："我要是变成男人就好了！"我们能不能想象，一个社会文化对女性的规范，竟然逼得这个高一女生想去变性？在咨询的过程中，我肯定了她，我觉得她虽然没有学过社会性别理论，但她以自身的生活实践来反思社会文化对女性性别规范的压迫，是一种难得的自醒。

★真正要让女性保护自己，真正的反性骚扰，不应该总是说，"男人很可怕""女人不如男人""女人要早点回家""见到男人一定要躲着"……我们要告诉女生：你也可以很有

力量，男人能做到的女人也能做到。

真正能与性侵者进行搏斗，是一种非常有力量的表现。我说的这个力量不是身体的力量，而是精神的力量。这个力量来自哪里？一定不是来自“女孩你很弱，你要温柔，要小鸟依人，要婀娜多姿，要弱不禁风”这样的教育，一定是来自“女孩和男孩一样，男孩能做到的女孩也都能做到，女孩不比男孩弱”这样的性别教育。

5. 男人参与，就是对孩子最好的性别教育

★男人应该进产房陪产，在孩子出生的那一刻，他完成了和孩子的情感连接，他的父亲角色得到了升华。

★男人进产房对产妇很重要，因为产妇可以得到安慰。进产房对男人也很重要，因为男人在这一刻会更知道爱，并和孩子建立更直接的连接。最重要的还有一点：进产房对孩子也很重要。孩子出生后，护士会把他抱起来给妈妈看看，如果妈妈是剖腹产，打麻药了，看不了，这时候孩子睁眼看到了医生，认人家作父作母。但父亲在场就不一样，不仅父亲看到了孩子，孩子也可以看到父亲。这样就建立了情感的连接。这种连接，将影响父亲和孩子的关系，所以我们鼓励男人进产房，在这个瞬间建立亲子之间默契的连接。

★男人在场不是为了培养阳刚之气，而是为了告诉孩子：男人应该做饭，男人应该带孩子，男人应该承担家务，男人应该关爱女人、关爱家人！伴侣关系当中，双方是平等的，不应该有一方总是照顾另一方，充当照顾者的角色，这是父亲在场非常重要的意义！

★男人不是生而为男人的，而是被塑造成男人的。

★在我们的社会当中，强调的男性气质是阳刚、主宰、支配、成功、占有、进取等，但并不是所有男人都符合这种男性气质，就像并不是所有男人都能够符合主流社会的成功标准。

★骂男人的时候其实不需要用什么脏字，只需要问一个问题："你是个男人吗？"没有骂你啊，但这个问题实际上是否定的，否定了你整个人，而原因可能就是因为你不符合那个阳刚、主宰、支配、霸权主义的气质。

★男性气质在表面上支持男人阳刚，要男人成为一个强者，但在这个过程当中，很多男人也深受其害。

★一个男人在生命史的不同阶段，每段经历都可能直接影响到他男性气质的实现，继而影响到他未来的男性气质。

一个男人男性气质的实现可能受性取向、人际关系、所处阶级、文化、话语等影响，甚至和与他交往的女性对象的女性气质有关。所以你会看到一个男人，有时在职场当中面对老板是幼弱的，而回到家里面对老婆、孩子时又变得很阳刚，所以男性气质并不是僵死的，而是一个可以不断变化流动的过程。

如果说传统的、阳刚的、支配的男性气质可能使男人受到伤害，而这个受害的过程又可能伤害到女人，那么当我们说男性气质可以流动的时候，其实我们也在说，这种男性气质是可以被改变的。

当一个男人不符合我们的文化里关于主流男性气质定义的时候，这个男人就会一直处于社会性别机制中被压迫的底端。

当我们强调一种男性气质的时候，实际上我们也相应地建构了一种对立的女性气质。表面上，男人因为阳刚的、主宰的、支配的、霸权主义的男性气质受益，但实际上他也在受害。

我们相信每个男人的内心其实都向往幸福美好的生活，没有任何一个男人结婚是为了娶个老婆在身边打起来

方便，但是却因为他们的暴力倾向，破坏了夫妻的亲密关系。

★ 暴力倾向恰恰是支配的体现，是主流男性气质所鼓励的，这种暴力毁坏了女人的生活，其实也毁坏了男人的生活。如果我们明白了这一点，就可以帮助这些男人转变，从改造他们的男性气质做起。

★ 记得我的孩子刚出生时，我的妈妈跟我说："你不要抱孩子。"那我要问了，男人都不会抱孩子，女人就天生会吗？显然不会，我们都是学习来的，只不过我们的社会没有教男人去学习如何带孩子。

★ 我们鼓励男人参与性别平等的进程，不仅是为了女人，也不仅是为了孩子，更是为了男人自己。

★ 男人是可以改变的，而且男人必须要改变！

★ 在所有男人都反对性别平等的情况下，只靠女性单方面的努力并不能实现性别平等。我们必须让男人参与进来，在参与的过程当中，还要让男人意识到这个努力不仅仅是为了你的伴侣，你的孩子，也是为了你自己。

★ 男性可以从挑战支配性的男性气质中受益，可以从照

顾伴侣、照顾孩子、做家务当中受益，那是一个男性作为人的全面的成长。

第七辑

青春期的学习任务，也包括性的学习

1. 月经教育，重要的是去污名的教育

一个女孩来月经了，是一件非常重要的事件，其重要性体现在：在这之前，她可能认为自己和男生一样；但来了月经之后，她可能意识到自己和男生有些不一样了。

有的女生来初潮或者刚开始来月经的一段时间，如果正好在学校，自己不知道，经血就会渗透裤子，好多男生看见了会取笑、起哄。这种情况在学校挺常见的，我们应该告诉男孩："不要起哄，不要取笑女生。"也要告诉女孩："如果有人取笑你，你也不应该感觉到羞怯、自卑，你应该很坦然，你没错，都是他们的错。"这些都是我们围绕着月经要做的教育：去除经期、月经的污名，强化女性正面的自我评价，以及平等、尊重的态度。

关于身为女性的负面的自我评价，可能会因为来月经后的痛经而产生。当一个女孩觉得身为女性很麻烦，身为

女人不如男人之后，她对自己的期待、评价以及定义，可能都会随之发生变化。所以我们说，“月经”是女性生命史当中非常重要的事件。好的性教育、积极的性教育，一定会利用这个事件帮助女性积极向上，获得自信心、进取心等正能量，而不是因为痛经、月经，赋予自身负能量。

★ 月经可以变成一种性别平等、女性价值感提升的教育，这样我们就从简单的性教育提高了一个层次。我认为性教育只有提高到这样一个层次，才是好的性教育。

★ 让孩子们了解，月经是一个平常的生理现象，是女孩长大的标志，是女孩能够生育的表现。月经不是坏事，是好事；不是“倒霉”，而是成长。它不是一件该被取笑的事，而是一件该被祝贺的事。这样做不仅培养了对于月经正面的、积极的认知，同时也使孩子们学习尊重自己和他人。

★ 我们对孩子要进行非常积极、正面的教育，包括痛经也可以告诉她：“这并没有什么，检查一下，如果确定没有器质性的问题，那么，我们痛并快乐着。”

★ 讲到月经的时候，我们不仅要去掉关于月经的污名，还要讲卫生巾，普及月经棉条，一些女性使用月经棉条会觉得比使用卫生巾更方便，更不影响日常生活。

★ 当我们向孩子介绍月经棉条的时候，有女生问："会不会弄破处女膜？"我们要告诉她完全不会。但是，我们的思考不要停在这里，我们要跟她一起思考，为什么我们会担心弄破处女膜，那个处女膜对我们来讲象征着什么？

★ 讲经期的时候，我们也会告诉孩子说其实经期吃冰激凌对健康、对痛经完全没有影响，以往关于经期吃冰冷食物会加重一些不良反应的说法，完全没有科学依据，大量的研究证明，所谓"吃冰激凌会使痛经加剧"其实只是因为我们恐惧，而不是它真的会带给我们伤害，这是一个广为流传的谬误。

★ 我们需要反思：月经污名、经血污名，这个文化现象是怎么来的？长期以来，我们都觉得经期不能性交，背后是什么呢？背后根本不是生物学解释的那些原因，这背后是对经血的污名化，是男人的父权文化建构出来的。长期以来人们认为经血是脏的。我们能不能用这样的眼光来培养女性对月经的认识：月经是健康的标志，是身体好的标志，是成年的标志，经血不是肮脏的。

★ 一般的体育运动不会对经期女生的身体有伤害，很多时候是文化建构了经期特别痛疼的感觉。

经期用品的广告里，我们也可以看到对经期的态度。比如某品牌的卫生巾广告就完全是正面的，两个女孩拿卫生巾叠了几朵玫瑰花，然后把它插在花瓶里。把与月经有关的东西拿起来做成花，作为艺术来表现，这是非常正面的。

我们要明确地帮助女孩围绕月经、经血、女性身体（包括阴道）形成非常正面的认识，这样有助于她对自己的身体形成积极的态度。更重要的是，她不会因为麻烦而贬损自己作为女性的价值，反而可能会进一步提高作为女性的价值感。只在女孩来月经之前告诉她该注意的保健知识是不够的。

即使你的孩子是男孩，也同样可以给他讲月经。男生了解女生的生理，女生了解男生的生理，有什么不好呢？

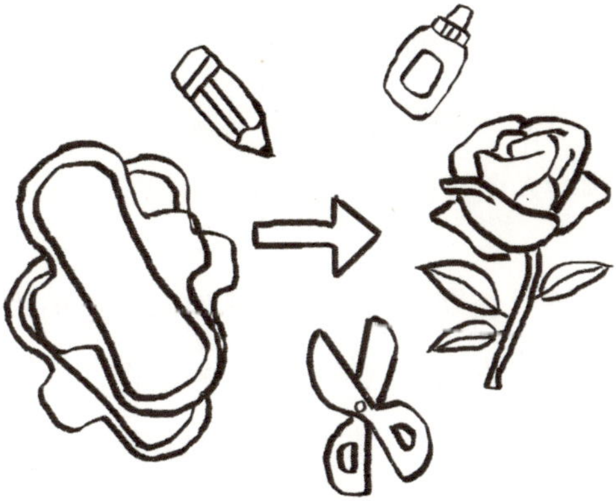

2. 乳房大好？小好？健康的最好

★ 乳房，有的人发育早，有的人发育晚，乳房有的大，有的小，只要健康就是最好的。最好的不是大的或小的，而是最健康的。太大的乳房，以后下垂的可能性更大，小反而不存在下垂的问题。大的，小的，各有其美。

★ 乳房的教育进一步延伸，其实可以变成让男孩和女孩思考性别平等、性别角色的机会。比如说，乳房到底是什么器官？是谁的呢？是女人的吗？乳房是孩子们的吗（孩子要喝奶）？乳房是男人的吗（因为那是她们性爱指向的对象）？乳房是政府的吗（“二战”当中纳粹要求哺乳期的女人献出乳汁，去犒赏士兵）？乳房是军队的吗（一些国家使用裸胸女人图像作为广告来征兵）？

★ 我们思考：长期以来，乳房是如何被建构的？被谁建构的？建构成了谁的？这样一个思考过程，可以让女性更加爱自己，更加爱他人，并且深入地思考问题。

★ 戴文胸的知识可以跟孩子分享：要选择适宜的文胸，比如棉质的、透气的等。还应该告诉孩子：回到家就把文胸摘了，否则会增加患乳房疾病的风险。

★ 有一个女孩不想戴文胸，我跟她妈妈说你应该支持你的女儿，她妈妈问："可是露点的话别的男人会看，怎么办？"我说："那是别的男人的问题，不是你女儿的问题。"

★ 近年有研究证明，除了奔跑或剧烈运动的情况，平时不戴文胸，乳房甚至会发育得更好。

★ 对于女儿想要的性，我们也会尊重她，并且我们会教她们如何获得安全的性，我们会讲安全套的使用。

★ 女人不要为了让男人喜欢你的乳房就戴文胸。

★ 有一个调查，一群女性十五年没有戴文胸，乳房并没有下垂。当然，做奔跑等运动的时候，戴运动内衣还是有益的。

★ 女生要"挺胸做人"。

★ 赋权型性教育主张引导孩子学会欣赏自己身体的美。无论大乳房还是小乳房，未来都会遇到爱它的人。所以我个人认为，乳房发育的教育可以延伸到自信心的教育。

3. 自慰最大的害处是对自慰有害的担心

不论是男生的家长，还是女生的家长，都不应该反对孩子自慰。男生女生都一样，不要再给女孩灌输关于性的错误态度了。比较起来，自慰对女性更有好处。在做性治疗的时候，针对女性的性唤起障碍、性高潮障碍，我都是鼓励她们用自慰来解决。

对一位处在自慰焦虑中的男生，我告诉他："自慰无害，像老师我已经40多岁了，已经专注自慰30多年，你看我，我也很健康，我没有任何问题。"

现在依然有很多孩子，哪怕是大学生，他们一边自慰着，一边自责着，给自己过多的心理负担。自慰本身对身体没有伤害，除非使用了错误的方式。自慰最大的害处是心里对自慰有害的担心。

自慰这件事，就算孩子现在没有，将来也可能会有，但也有人一生不自慰，每个人情况不同。自慰不是坏事，提早跟孩子们科普，是防止未来外界对自慰的负面看法让他们有过多的心理负担。

我个人不太主张要告诉女孩如何自慰不会破坏处女膜，因为这等于说你强调了要把处女膜留给男人，让男人相信你是“纯洁的”，你是处女。这不就等于告诉女孩你是处女这件事很重要吗？这便是性别不平等的教育，加强她对处女膜的错误观念。未来如果不是自慰破的，而是别的方式破的呢？

4. 性梦和性幻想，都与道德无关

★ 性梦带给我们最大的挑战，是我们没有接纳它。

★ 青春期的很多男孩和女孩，都梦到过和家人发生性关系，这一点不奇怪，在孩子青春期的时候能组成他梦的元素很少，所以最熟悉的人会进入他的梦。但是，这完全不等于说他潜意识里想和那个人发生性关系。

★ 梦境不是“愿望的达成”，性梦更不是。

★ 性幻想没有关系，怎么幻想都可以，它不是道德问题，没有过错。但是不要强行把幻想变成现实。把幻想变成现实，要实现你的白日梦可就有问题了，因为可能就会出现伤害别人的情况。

★ 性幻想是性的白日梦，我们要跟孩子说：“你要接纳它，像悦纳自慰一样悦纳它。”

幻想什么，有时候也不由你自己做主，你接纳它，它就不会影响你的生活；不接纳它，才会影响你的生活。很多人沉溺于性幻想，不能自拔，是因为不接纳它。所谓的幻想成瘾，幻想沉溺，是因为你抗拒它。

当一个孩子抗拒性幻想的时候，就会把性幻想看得很重要，因为看得很重要，所以就难以自拔。如果你觉得幻想本身无所谓，只是想一下，想完就完了，这就没有任何问题。

5. 色情品不是教科书

色情品在我们国家是被禁止的。但是，来自于各种渠道的色情品屡禁不绝。可能大家都有类似的经历：有的时候要在网上查一个信息，结果会蹦出来一些色情片的小弹窗，甚至查很严肃的信息，色情片的小弹窗也会蹦出来，令人防不胜防。既然是防不胜防，无处不在，那我们就不应该掩耳盗铃，要正面地探讨它而不是回避它。

我们不希望孩子看到色情品，但是，孩子难免会看到色情品，如果你在他看到之前不用一些关于色情品的正确观念引导他，他有可能被一些错误的观念或者色情品本身传播的错误观念影响，那时可能就比较麻烦了。

色情品是什么？是性爱教科书吗？是亲密关系的教科书吗？是性学指导书吗？都不是。色情品是用来挑逗人们性欲的东西。

★我们一定要反复、认真地告诉孩子：万一你一不留神看到了色情品，也千万不要把里面的男人和女人当作现实生活中的男人和女人。特别是孩子刚进入青春期的时候，他们可能没有别的渠道来了解真实的性，以及真实的男人和女人。这个时候色情品来了，很多人就误把它当作情爱和性爱的指南。

★武侠片里的功夫不一定是真的，言情片里的爱情不一定是真的，色情品中的性和亲密关系更不是真的，它就是绞尽脑汁撩拨你的情欲的，它的内容是激发人在性爱上的欲望的，而不是真实生活的客观反映。你如果当真，你就输了。

★要告诉青少年，色情品不是真实生活的反映，不能当作性爱教科书，更不能当作亲密关系的教科书。

★裸体画不是色情品，要正确看待。

★有时候看色情品就跟自慰一样，你认为它有害才是最大的害处。

★与其让孩子自己在色情品当中摸索、跌撞，还不如事先就跟他们分享什么是色情品，应该用什么态度来看待色情品。只有这样做，才算一个负责任的家长。

在现实生活中，孩子们总会看到色情品的，如果你不让他有一个坦然、自然的接纳态度，一定要跟他强调“特别坏”“特别可怕”“千万别看”，实际他又看到了，他受到的这种压力对他心理健康反而不好。家长应该让孩子以平常心、平静心看待色情品，这样一个不把它当回事儿的态度才最好。

家长要致力于培养孩子人格的成长，而不是简简单单地说他能不能看色情品。所以家长与其反对他看色情品，不如把这个精力拿出来去培养孩子的人生观、价值观，这才是用对了地方。

教育，特别是对孩子的教育，要简单明了，越简单越容易懂。

有的家长说：“我孩子如果看了色情品让我知道了，我回去就痛打，打折他的腿！”打折腿有用吗？打折腿完全不会减少他的性欲，看过的电影也不会从眼睛里拨出来。

色情品没那么可怕，我们担心的是看了色情品的青少年在看后做一些不该做的事情，包括性骚扰、强奸这些违法的事。但如果看了色情品之后，有好的性教育，也不会出现这些问题。

色情和情色进入我们的视野是不可避免的。

什么样的人会对色情品上瘾？我觉得是那些拿不起放不下的人。如果拿得起放得下，他们的态度就是："我看色情品了，看了就看了，不当回事儿。"越是觉得我不该看又忍不住看，这样的人才容易上瘾。所以呢，坦然面对就没有问题。

一位家长对我说：我发现孩子在电脑上看和他年龄不相符合的内容，他初三了，怎么办？我想问的是：什么是和他年龄不相符合的呢，如果是看了 A 片，其实和年龄很符合呢。这个年龄正是对这些开始好奇的时候。

如果孩子接触到了色情内容，通常和孩子这样讲：色情品是给成人激发情欲的。你现在是未成年人，有了情欲也没有伴侣，成年人激发了情欲找伴侣做爱，你没有伴侣挺难受的，所以建议未成年人最好不要看色情片。如果意外看到了，不要太惊慌和自责，要知道那里的男人和女人不是你的男同学和女同学，那里的性也不是现实生活当中真实的性。强调一个原则：最好别看，看了也不用惊慌。

不谴责孩子，而是告诉孩子这不算什么，这样做的意义是：不要让孩子们看了色情品太自责，不要对自己太

污名。

★ 不要把孩子想得太脆弱，以为一旦看了色情品就一定不学习了，一定去找人做爱了。

★ 家长需要自己先了解色情品，对色情品有正确的认识，才可能在孩子出现相关问题的时候做出正确的应对。

★ 今天我们看情色动漫、情色小说也担心孩子会变坏，看了色情片更担心孩子会变坏。我们的孩子是保鲜期这么短的产品，说坏就坏？

★ 男女对色情品的态度原本应该是没有差别的，差别是被文化建构出来的。很多女性第一次看色情品会觉得恶心，为什么？因为文化建构了女人不应该关注性，性是肮脏的，所以她看了才觉得恶心。没有被不同的性道德标准建构的女人也一样喜欢看。更重要的一点，很多色情品是拍出来给男人看的，这也是一个文化的产物。如果是拍给女人的色情品，那女人会更喜欢看。即使是女性，看了色情品也不要太担心。

6. 你要对自己的外貌负责

★ 青春期另外一个重要的性教育内容，就是悦纳自己身体的教育。

★ 在对美的标准过分夸大的语言环境下成长的孩子，将来怎么办？有一天她会发现自己不符合这个美的标准。

★ 家长要帮助孩子不要被这种美的标准所束缚，日常生活中，也要避免被这种美的标准所束缚。你可以夸孩子聪明、智慧，你老夸她美干什么？

★ 女人不一定要做世界上最美的女人，美是没有标准的，萝卜青菜各有所爱，每个人都有自己的美，每个人都有自己值得欣赏和被欣赏的地方，不要被那些主流社会美的标准所毒害。等你长大了，可能全世界都在告诉你什么是美的，但是有几个人符合那个美的标准呢？如果你不符合那个美的标准你也不要自卑……这就是非常好的性教育了。

父母生的你长什么样是一回事，但至少到三十岁的时候，你就要对自己的外貌负责，甚至到二十岁的时候你就要对自己的外貌负责了。

为什么这么说呢？我们经常会看到一些人，他外表很好，但是气质很不好，或者一听他说话，就不想再聊下去了；有些人五官长得不好看，但是我们觉得很亲切，交往起来让人很舒服，我们愿意与他们交往，这个时候你再看他，就不觉得他丑了。所以一个人所谓的美丑，与一个人的内在世界有很大关系，你的气质可以改变你的容貌，你的眼睛传递出来的涵养，反映出你的内心世界，举手投足之间透露出的修养真的可以让别人觉得你很美。所以，美丑不是由五官就可以简单决定的。你早早修炼自己，提升自己的精神世界，到三十岁的时候你的外貌就会改变，所以你要对自己的外貌负责。

帮助青春期的孩子自我悦纳的教育，不应该是孤立的。父母平时是激励孩子、赞美孩子、支持孩子，还是总贬损孩子、批评孩子、讽刺孩子？这都是有关系的。你总批评他，他怎么可能自信？你总赞美他，不仅是外貌的赞美、气质的赞美、性格的赞美，而是各方面的赞美，那他怎么可能不自信？所以我还是强调那句话：家庭性教育是家庭教育的一部分，父母应该有一个好的教育理念。

7. 性教育要“疏”不要“堵”

青春期的学生会对性产生好奇与渴望，这是再正常不过的事情，任何“堵”的办法不仅毫无意义，而且还可能导致与教育者期望相反的结果。

遗精这件事情，有的人来得早，有的人来得晚，有的人一生都不遗精，这都是正常的。我们不要错误地认为所有的男生都会遗精。如果他精液排出了，怎么还会遗精呢？

在遗精的时候，通常还会伴随着性梦，这也是非常正常的。

精液的蛋白质含量很低，跟鼻涕的营养价值一样。

中国古话说：“一滴精，十滴血。”还说：“忍而不射，还精补脑。”这些都是错误的观点。

有的孩子在澡堂里跟别的孩子比较阴茎大小后，会自卑。告诉他这没有必要，经营自己的人格、自己的成长才是最重要的。

阴茎大小不重要，粗细不重要，怎么用才是重要的。很多孩子觉得，阴茎越粗越长越大是男子气概的标志，你要告诉孩子，阴茎不是男子气概的标志。一个真正的好男人，应该是有性别平等观念的，懂得尊重伴侣的，参与家务的，负责任的。

家长能够完全禁止孩子玩电子游戏吗？不可能，也不人道，不正常。我们是培养学习的机器还是培养人？培养人就应该玩游戏，玩游戏有很多好处，累了就玩会儿，然后再去学习，什么都不耽误。强力禁止，反而可能玩得更久，即使坐在那里学习也心不在焉。

家长首先应该对孩子说：玩游戏是一件好事，说明你有好奇心、有竞技欲、有搏击的欲望……在充分理解和尊重孩子玩游戏的前提下，在理解玩游戏并非十恶不赦的情况下，再和他们讨论如何在游戏和学习之间，做出负责任的选择。很多女生被规训得不玩游戏，其实那是规训了女生的竞技欲，这个过程中女生的进取心等都会被削减很多。

即使孩子对游戏、偶像剧等已经出现了一定程度的“沉迷”，也在一定程度上影响了学习，教育的目标仍然可以是培养他的上进心、进取心，然后希冀在这种追求中，让他逐步从对游戏、偶像剧的关注中移出精力。这需要时间。父母强行干涉和禁止是没有用的，当然，父母自己应该首先不玩游戏、不追剧，否则孩子怎么会改变？

玩游戏是孩子正常的需求，玩游戏可以带来很多快乐。而且玩游戏还锻炼智商、促进人际关系的发展。像玩桌游之类的游戏，对促进智力发展很有帮助。所以，不应该简单地禁止孩子玩游戏。那么，用赋权的理念，家长应该如何与孩子讨论游戏呢？我们应该跟孩子讨论游戏带来哪些好处和坏处，然后讨论如何发挥好处，如何消减、化解坏处。

第八辑

爱情是人生重要的一课

1. 父母不应该害怕孩子恋爱，而应该害怕孩子“不会”恋爱

★ 有人说谈恋爱影响学习，那是谈得不好。如果谈得好，心情愉悦还有可能让学习更出色。

★ 你可以和孩子谈的是人生观、理想、亲密关系、责任、尊严、自爱、对自己和他人负责。这些价值观有了，你就不需要担心他因为恋爱影响学习了。

★ 20 世纪七八十年代就有“早恋”这个词，可以看出它有对青春期爱情的否定色彩。其实，这是成年人在表达自己的不理解、不舒服、不高兴。成年人站在自己的立场认为孩子做了一件不应该做的事情，他们担心孩子恋爱受伤、影响学习等。这些担心是有道理的，但是，实践证明，单纯禁止恋爱是无效的。

★ 有父母害怕自己的孩子和异性交往。但真不和异性交

往，只和同性交往了，他们一样害怕。你懂的。

★和异性交往多，去除异性的神秘感，反而可能会让她自然地接受性别的差异，所以重要的是要对她进行一些防止性骚扰的教育，学会尊重自己和他人的身体，而不是担心因为和异性交往就“性早熟”。

★很多时候父母认为谈恋爱一定是错误的选择。错了，思维太简单！谁说谈恋爱一定是坏的选择？我们要避免对自己太自信，对孩子不相信。这种态度本质上仍然是管制教育，不是赋权。即使孩子真的做出错误的选择，我们可以再一次提出我们的建议，与他进行新的一轮思考、增能、赋权。如果孩子还这样选择，那么尊重他的选择。当然，父母也可以做好准备帮助孩子，帮他消解因为这个选择可能带来的伤害。父母走到前面，在他即将跌倒的地方，等着扶起他来。

★孩子有了一份感情，我们应该如何处理呢？不是简单地对孩子说：“把这份感情压制下去，把这份感情消灭在萌芽之中！”家长这样做没有用，而且你这样告诉他，他也不会听你的；就算暂时听了，也未必真的能够成长。

★几乎所有人早晚都要恋爱的，恋爱是一种重要的人际

交往经验。青少年学习恋爱之后，人际交往能力也会增强。能够处理好恋爱关系的人，至少在处理与其他同学的关系时更有经验。恋爱能够增加人生阅历，为未来做好准备，失恋了还可以增强心理素质，以后可以少走弯路……

★父母要改变思路，不要再害怕孩子们谈恋爱，要担心的是孩子们没有能力处理情感问题；不是要禁止他们谈恋爱，而是要帮助他们学习如何面对一份爱情。这才是真正好的教育。

★简单地禁止、恐吓、惩罚孩子，可能适得其反，让他们原本没恋爱却开始恋爱了，原本恋爱的孩子把更多的精力用来对付家长的压迫，甚至可能出现私奔、殉情的事情。

★我们应跟孩子平等地讨论一份关系背后的意义，让孩子看清这份关系，知道自己要承担什么责任，让孩子学会对自己负责。

★青春期关注性，会开始和异性接触，非常正常。而且恋爱已经开始了，任何试图扭转的努力都会深深地伤害到孩子，也伤害亲子关系。最重要的是，更不可能达到目的。所以，最好的办法是充分接纳。

★恋爱还有很多好处。可以多交朋友、学会自我成长、学会照顾别人，拥有表达感情、表达爱的能力，还可以打发时间，不然玩游戏也占时间。

★ 恋爱还可以愉悦身心，减轻心理压力，两人互诉衷肠，有人关心、有人哄、有人包容、有人陪、有人给父母给不了的爱，还可以获得恋爱经验……

★ 你不让他谈恋爱了，他整天玩游戏，也是影响学习的。你以为只有谈恋爱的学生才不学习吗？一些孩子不谈恋爱，但照样不学习。

★ 父母对孩子关注性、谈恋爱，最大的担心有两个：影响学习，过早的性给孩子和对方带来伤害。所以父母的目标应是避免出现这两个结果，而不是反对孩子恋爱。

★ 父母要肯定地告诉孩子：关注性，是正常的，不反对；和喜欢的人交往、走得近，是正常的，不反对。但是，你是大孩子了，要对自己和他人负责，重要的是要学会负责任。这就包括：平等的交往、恋爱，都可以，但是要处理好和学习的关系。

★ 可以跟孩子讲讲爸爸妈妈相爱的故事，告诉孩子，爸爸妈妈因为相爱，所以两个人结合，组成了一个家庭。在这个家里，爸爸妈妈可以互相满足爱的需要、情感的需要，

而且我们会共同努力把你抚养成人。这就给孩子做了关于家庭责任和家庭观的教育。

★ 青春期渴望爱情是很正常的，满足心理、生理成长的需要，重要的是如何让青春期的孩子在感情问题上懂得如何对自己和他人负责。在这样的教育态度下，孩子并不一定选择谈恋爱，在我的教学实践中，多数孩子同样基于对自己负责任的态度，最终选择不谈恋爱。这可不是家长或教师不让他们谈，而是他们自己思考后做出的决定。这个决定才是有效的。

★ 如果孩子恋爱了，家长也可以时常有所提示，敲敲边鼓，告诉他们要处理好各种关系。总之，对于孩子们的恋爱，我们不应简单地禁止、惩罚与反对，而是要帮助孩子学习如何恋爱，要相信我们的孩子都是积极向上的，每个人都渴望成长。家长与其把时间花在反对恋爱上，不如把时间放在促进他们的成长上。

★ 如果你的孩子恋爱了，你非要人家分开，分不开了怎么办？你应该和孩子讨论如何做到恋爱学习两不误，甚至可以和孩子讨论恋爱的好处。

★ 孩子并不是因为你不禁止就都去恋爱了。

★ 中学时你反对孩子谈恋爱，大学时还反对，大学毕业后却开始着急了、催婚了。他恋爱的能力从哪里来？他的伴侣从天上掉下来？

★ 我们不应单纯地反对或支持孩子谈恋爱，而是让他们学习如何更好地处理情感问题。

★ 我们要尊重孩子的选择，但父母是要有引导、有教育的，前面说的那些都是教育，而简单地禁止恋爱不是教育，是规训。

★ 一个孩子的人生发展得好不好，不是由孩子几岁谈恋爱决定的，而是跟孩子有没有理想、有没有人生规划有关。所以，不如帮助孩子树立人生目标，和孩子讨论以后的步子怎么迈。

★ 有些孩子在高中不恋爱，但上大学之后就开始乱恋爱。他（她）没有受过好的性教育，谈了恋爱也不会恋爱。所以，家长的引导作用很重要。

2. 恋爱是一个操练的过程

当一个孩子有了一份感情的时候，增能赋权的过程是：教育者让孩子自己思考每个选项可能产生的结果，思考结果之后的结果，以及对应的策略和策略之后的结果。这个过程就是思考成长的过程，就是“成年”的过程。这才是长大，才是教育。在这个过程当中，青少年恋爱不恋爱已经不重要了，因为他们成长了。

经过这样深思熟虑的训练，对每种可能性进行了操演，并且有能力做出最负责任的选择，那么这个孩子，即使在恋爱的时候遇到各种问题，也知道如何处理和选择。这就是我们说的增能赋权，是自己思考之后做出的选择，而不是家长替他（她）做出的选择。

如果决定表白了，你知道怎么表白吗？怎么表白，既尊重自己，又尊重对方？表白所用的方式、可能的结果、以及针对这样的结果你要怎么办？比如说对方听了你的表白选择沉默，你要想为什么对方沉默？你该怎么办？如果是拒绝，拒绝有哪些原因？如果是接受，又可能有哪些原因？沉默、拒绝、接受，你下一步又该怎么办？思考这个的过程，就是让孩子成长的过程。

★ 当面临被不喜欢的人追求，这个时候又该怎么做？可能会选择沉默，或者选择拒绝，或者选择逃避。怎么样选择才不至于让对方情绪化，不至于纠缠我们，不至于做出出格的举动？如何让他心悦诚服地接受你的拒绝？如果对方追得紧，你又该怎么办呢？怎么做才能不给对方幻想呢？如果对方是小混混，你又该怎么办呢？这些都是需要学习的。

★ 不要以为你压抑自己的感情，不想他（她）了，这件事情就结束了。不一定。我上初中的时候就是这么干的，结果没压抑住，更想她了，更占时间了，更耽误学习了。

★ 最稳固和深刻的爱情不是基于外貌，而是基于内心。

★ 爱一个人，就要使自己变得更加出色，以便配得上他。

★ 我们都知道失恋是一种不好的情绪体验，但情绪心理体验可以给我们带来什么，这种体验几乎所有人都经历过，我们该如何面对这种不好的体验？在讨论的过程中就可以激励孩子思考自己的人生前景，可以告诉他：天涯何处无

芳草；告诉他不要为了一个不爱自己的人放弃生命，而应该为爱你的人勇敢地追求未来。

启发孩子认识到：即使这个世界上没有一个人爱我们，也没有关系，我们可以自己爱自己！

有孩子看到别人恋爱，自己也想恋爱，这也很正常，看到别人吃好吃的，我们还想吃呢，重要的是回到我们的起点，该如何处理这份关系？这才是核心。

青春期恋爱还会面对的重要事情是嫉妒，当面临嫉妒的时候，你应该怎么办？

我们应该庆幸，在遇到那个人之前，我们什么都准备好了。准备好了来自心底的爱，也准备好了正确看待性。

3. 一个懂得在性上对自己和他人负责的人，在其他方面也错不了

★ 许多家长认为孩子可以有性行为的合适年龄是 18 岁之后，有的家长也希望孩子结婚后再有性行为。你可以有你的想法和期望，但是，这只是你的想法和期望，孩子们不一定听你的。

★ 有的家长非常纠结，为什么我不主张告诉孩子成年之后才可以有性。因为我认为自主、健康、责任比 18 岁更重要。有很多人就算到了 20 岁也承担不了责任，不懂得健康和自主，所以 18 岁在我看来不是一个标准线。

★ 从赋权型性教育的角度看，性行为并没有所谓的必然合适的年龄，自主、健康、负责任的，才是好的。不懂得这三个原则的人，三十岁发生性关系都“太早”了。

★“如果我没有准备好对自己和他人负责，我就不发生性关系；如果我都准备好了，我可以选择发生性关系。”这就是增能赋权想要的结果。所以家长不要害怕，坦然谈性，是什么就直接说什么，重要的是我们要帮助孩子学会负责任。

★要知道，受过“没结婚不要做爱”这种教育的孩子，遇到流产的事情，是不可能向家长求助的。

★无论我们是否同意女儿出去跟男朋友约会，都不能决定她是否会发生性关系。

★在性教育夏令营当中，我们还会通过情景剧表演的方式，让两个孩子扮演一对恋人，讨论是否要发生性关系。我们让他们通过这样的表演去体会、去学习，面对不想要的性如何做到坚定地说“不”——不因为所谓爱情、分手的压力，也不因为你的同学都做了，你就觉得自己也应该做。

★有的学生即使恋爱关系很深了，也拒绝发生性关系，他们有处女情结。当然有处女情结也不是不可以的事情，但我们要看到这背后是贞操观对女性的压迫。而这种贞操观对女性的压迫来自哪里？来自早期的性教育。

★人生有那么多事情要做，性，也应该做。

★ 爱孩子，从尊重孩子的性开始。

★ 孩子是否发生性关系与家长是否同意没有关系。

★ 告诉孩子，性爱虽然是很美妙的事情，但一个有责任感的人，应该在充分准备好之后，在成长之后再开始尝试。不同年龄做不同的事情。

★ 爱孩子是站在孩子的角度思考问题，考虑到他青春期性需求的状况，而不是说我担心你学习受影响，担心你怀孕，担心你是女生有性关系了将来没男人要你……这样想是没有用的，反而充斥着更多的伤害。像对女性的贞操观念，会极大地伤害到你的女儿，甚至可能会严重影响到她未来开展亲密关系。所以我们针对孩子的“性”要改变态度。

★ 父母为什么总是觉得孩子有了性关系之后就不学习了，会沉迷于其中呢？父母们自己做爱不上班了吗？从早上做到晚上？一天到晚想着做爱，不思进取了？如果你自己不这样，为什么就要设定你的孩子是这样的呢？你以为孩子不如你吗？不如你也是因为他没有接受到好的性教育，接受了好的性教育，孩子就会比多数家长强许多！

★ 学校或者社会，应该建立一个意外怀孕的求助途径，使得青少年在必要时可以放心地求助，不用担心受到任何

处罚，而且能够得到及时的、安全的、贴心的帮助。

即使是意外怀孕的孩子，也千万不要责怪她们什么。责怪于事无补，幼小的心灵需要康复，而康复需要家长和教师更多的宽容与爱。我非常反对学校以违反校规为由处罚怀孕孩子的做法，那样的校规本身就错了，不是基于对未成年人的理解和包容的。

有人说怕孩子怀孕。怕怀孕，可以教给他们避孕的办法。

性交，人流，绝不等于“身体完了”。

我们害怕讲性交，但我们敢于讲艾滋病，这岂不是很可笑吗？这是我们长期的性教育缺失，这是我们文化的过错，是守贞教育的后果。坦然告诉孩子什么是性交就可以，同时也告诉他们——性交的责任、权利与安全。

一个懂得在性上对自己和他人负责的人，在其他方面也错不了。我们可以相信的是，减少意外怀孕、堕胎、性病、艾滋病的目标，会在这样的性教育中实现。

责任

4. 安全套：这才是中国该有的性教育

★哪里有压迫，哪里就有反抗，你不让他做，他不一定听你的。而当他真正做的时候又没有接受过性的安全教育，没有接受性的自我保护教育，所以他不会用安全套，会因为不懂得自我保护而受到伤害。

★我们要讲安全套怎么使用。因为这不是一个坏东西，孩子带到学校也不是不检点。

★安全套在所有的超市结账口都有卖，孩子看到没什么大惊小怪的。如果只是出于对性的好奇，那是一种求知欲的表现，是很正常的。

★教你使用灭火器不是鼓励你放火，教你使用安全套也不是鼓励你性交。而且提升安全意识，未来总有一天会用到。

★ 防治性病传播最重要的措施是全程使用质量合格的安全套，这是每个孩子人生中必须要面对的技能。

★ 如果家里是儿子，家长会怕他让别人家的女儿怀孕。所以我们应该告诉他如何正确使用安全套，这才是性教育。

★ 其实几乎所有的女性在发生性关系的时候，特别是非伴侣性关系的时候，都会要求男性戴安全套，但实际上最后真正戴的并不多。为什么在两个人纠结的过程中，女性会选择放弃坚持？是什么使得这个女人不能够坚持她自己的选择？这些都反映出我们需要学会真正的自主选择。

第九辑

多元即美

1. 对多元的态度，是个人和社会进步的晴雨表

当一个人群或现象处于污名化的时候，所有能够呈现在公共视野中的关于他们的信息，注定都是负面的。

这个社会上流行的所谓道德，往往是置生命个体的自由与利益于不顾的。你只需要对自己的心灵负责，而无需考虑其他。只要是不伤害他人的个人选择，任何人、任何社会都无权干涉。

在婚前性行为受文化偏见贬损和打击的时候，所有关于婚前性行为的故事都讲的是怀孕、流产、堕胎、男人不要女人了等。同样关于同性恋的故事也都是污名化的，只有当一个社会不再对这个人群、这个现象那么贬斥的时候，大家才能够接触到非污名化的信息。

爸爸不担心你成为什么“同性恋者”“易性癖者”之类，

爸爸要让你知道的是，生物学意义上可能成为的选择，都是最正常不过的。

性别多元，是给人家更多的选择，尊重更多的实践，而不是要用一种模式代替另一种模式。也永远不要担心人类社会将不存在性别差异。差异总会存在的，而且注定会更加多元，我们只是反对以生理性别为基础的简单的二元划分罢了。

更不用担心这个世界混乱，每个人都可以做自己，同时又尊重别人做自己的权利，这样的社会一定是最和谐的社会。

一个开明进步的社会，应该尊重少数人群的权益，而不是因为其人数少，而对之漠视、歧视甚至迫害。

性与性别少数群体的事情，应该由社群自己来主导。因此，身为异性恋者，我一直定义自己为站脚助威的角色，利用自己的专业身份对性与性别少数群体的平等运动进行呼应。

中国以往对性与性别少数群体的心理咨询，几乎完全停留在“扭转”的层次上。而这种方式早已被国际主流心理学界所摒弃。肯定性咨询法，是在去污名的基础上，帮

助性与性别少数者自我悦纳，并且处理可能遇到的各种心理问题的心理咨询方法。这是革命性的转变。

★ 心理咨询师对性与性别少数的态度，与咨询师所受的与这一少数人群有关的教育及其背后的知识权力系统有很大关系，而我们要做的，就是希望通过社群主体声音与“友善”学者的结合，来改变这种知识权力结构，从而推动心理咨询乃至社会帮助体系对性与性别少数者的认识和态度的转变。

★ 父母试图将非异性恋的性倾向和非顺性别的性别认同的孩子进行“治疗”，只会对他们的身心健康造成更大的伤害，必须摒弃这种“治疗”。

★ 除了社会上大规模的偏见和歧视，污名化将在个人与同侪，以及家庭成员的关系当中，造成虐待和忽略的状况，这反过来又可能导致心理的困扰。然而，这些症状是因为社会的情境而被引发出来的，并非是变性者、跨性别者或非性别常规者与生俱来的。

★ 在世界各地的许多社会中，非性别常规者仍是被污名化的。这种污名将导致偏见和歧视，并且造成“弱势压力”的结果。弱势压力是独特的（外加于所有人所经历到的一

般压力源），以社会为基础的、慢性的，并且可能让变性者、跨性别者和非性别常规者变得更加脆弱，导致出现诸如焦虑和忧郁等心理健康问题。

★快远离那个认为孩子“有问题”的心理医生，性多元者的“心理问题”就是他们这类人造出来的。因为听了他们的话，担心自己不“正常”，才损害了心理健康。

★对性与性别少数者的肯定性咨询，是一个全人视角。将来访者放诸其生活的社会文化环境和生命境遇之中，将来访者视为独特的生命个体，而不是对照实验室数据和量表所呈现的“正常”或“不正常”的具有某种“缺陷”的客体，才能从体察来访者的角度出发，帮助其完成作为一个“人”的生命探索。

★即使是一些从业很久的心理咨询师，也可能会说：“我从来没有遇到过同性恋、跨性别等性与性别少数的来访者。”我相信，不是他没有遇到，而是遇到也没有觉察到。来访者只需要几句话便可以试探出咨询师对性与性别少数的态度，如果认为你的态度不是支持与友善的，便不会袒露内心。

★在现实生活中，每个人都或多或少的会遭遇歧视，或

因你的祖籍、相貌、身材、学历、性别……所以，每个人都应换位思考，被歧视的滋味并不好受。一个健康有爱的文明人应该学会接纳他人的不同，愿意站在对方的角度思考生活，共同反对和声讨社会的不公与歧视。

★ 家长应该保护你的孩子免受大众的侵害，致力于孩子实现他的性需求，而不是因为担心大众歧视有可能带来伤害，就剥夺孩子的性人权。

★ 每一个知识或技术“权威”都有可能成为对性与性别少数者的结构性压迫的一份子。

★ 不要以你孩子的性欲表达为羞耻，无论你的孩子是男孩还是女孩，你都应该为他感到高兴。

★ 你要对歧视你孩子的性探索的行为大胆说“不”。

2. 既然爱情是属于心灵的，你管他的身体是男是女干什么

异性恋是男人和女人之间的爱情，同性恋就是男人与男人或女人与女人之间的爱情。同性恋曾经被认为是病，甚至是罪。但是现在人们普遍不再这样看了，精神病学界也已将同性恋从精神疾病的范畴中排除了。我们社会中异性恋者占多数，所以占少数的同性恋者便会受到歧视，这种多数人对少数人的歧视是不对的。

同性恋，仍然是一个人对另一个人的爱情。我们不是常说“爱情是属于心灵的，不是属于身体”的吗？那你管人家的身体是什么性别干什么？

有的家长说：“我担心我的孩子是同性恋不幸福啊，遭遇人生挫折啊！”记住：你支持他，再多外界的压力他也会幸福；你反对他，再多外界的支持他也不幸福。所以，

你的态度是决定他是否幸福的重要原因，而不是他的性倾向。

★ 你爱的是你的孩子，还是异性恋孩子？

★ 如果父母歧视同性恋，传递给孩子的性教育也是这样，如果孩子恰恰是同性恋，这有可能会把孩子逼上绝路，有空可以看看根据真人真事改编的电影《天佑鲍比》。

★ 如果异性恋者被社会视为“变态”，他们不得不偷偷地恋爱，生怕被别人知道；他们不被允许结婚，他们的爱情不能有“结果”；他们的同居关系得不到法律保障……那么异性恋间的关系会“稳定”吗？

★ 同性恋者和异性恋者唯一的差别，就是他们情感和性欲的指向是同性。除此之外，他们没有任何差别。

★ 没有人能够“诊断”一位同性恋者，性倾向是一种自我身份认同。

★ 青春期是性倾向的探索期，不必急于给自己贴标签。爱谁是谁，管他是男的还是女的！

★ 你的孩子是同性恋，受到很多压力，谁最痛苦？孩子自己最痛苦。你的孩子想变性，谁最痛苦？他最痛苦！不是你最痛苦。不要把你想象出来的痛苦压在更痛苦的人身上。最好的办法就是爱孩子，支持他！别无他选。同时要相信，我们的社会对性与性别多元的接纳度也会越来越大。

★ 女同性恋者间的性行为，是最最安全的性行为。男同性恋者间阴茎插入肛门的性行为，虽然传播艾滋病病毒的风险比较大，但全程使用可靠的安全套，就可以避免传播。

★ 青春期，在你人生刚刚开始的时期，要探索生命的多种可能，听从自己内心的声音往前走，不必急于给自己贴标签，这是非常重要的。

★ 有或没有喜欢的对象，喜欢同性或喜欢异性都是正常的。

★ 随着社会对同性恋的接纳，同性恋者越来越多了——这其实是错误的认识。事实是：随着社会的接纳，同性恋者的自我觉察能力提升了，也勇于出柜了，是可见度高了。

★ 要警惕担心“同性恋越来越多”背后的思想，这仍然是一种同性恋恐惧。比如担心同性恋者多了，人类繁衍后代成为问题，这实在是杞人忧天。异性恋也有许多不要孩子的。

★ 无论一个社会对同性恋采取什么态度，他们都只是极少数人。我们的种种担心与恐慌，背后仍然是来自主流的、占支配地位的阶级的优越感，以及对少数人的敌视。

★ 无论你的孩子是同性恋还是异性恋，是贫穷还是富贵，好看还是不好看，出名还是不出名，你不是都爱他吗？！

★ 非安全的性行为是艾滋病传播的祸首，与性倾向无关。所以，不要把同性恋和艾滋病划等号。

★ 有人说：同性恋这么多，对青少年影响不好。我们要反问：为什么异性恋多，对青少年影响就好？说这话的人，仍然认为同性恋是“坏事”，最好不要让青少年知道。

★ 有人说，这些年同性恋变得时尚了。作为同性恋，高考加分吗？“时尚”论的背后，仍然是一种同性恋恐惧，恨不得他们“少一些”。

★ 即使青春期的男孩有过同性的性接触和性行为，仍然不等于他们是同性恋。因为青春期是一个探索期。同性间的性游戏就是一个游戏，不要贴上标签。不仅家长不要给孩子贴同性恋的标签，孩子自己也不要轻易地给自己贴同性恋的标签。

3. 认为存在“性别认同障碍”的人，才是障碍

★ 变性的欲望和早年的教养没有必要关系。

★ “性别不认同”不是坏事，这是一个开始尊重性别多元实践的时代。传统的、过时的知识应该更新了。

★ 有些孩子在幼年时经历过与其生理性别的社会期待不符的行事、穿衣、游戏风格，和被寄予成为一个相反性别的人的愿望，而后来许多人的这种愿望都减弱了。那些保留这种愿望并携带它们渡过青春期的人，无论公开表示与否，他们都较容易在青春期或成年期自我认同为跨性别者。

★ 由过去的“易性癖”“易装癖”“易性症”“易装症”，到现在的“跨性别”，词汇被改变的最重要意义是我们不再把跨性别视为病了，跨性别者不再是需要被治疗和改变的了，他们拥有一种和男人女人一样平等的性别。

想穿异性服装不等于想要变性，他可能只是喜欢穿异性服装。

我认识的变性人，很多因为父母同意、支持，变性过程很顺利，现在过着幸福的生活。所以，家人的支持对于他们心理的健康非常重要。

跨性别不会传染，但是跨性别者可能因为环境因素的影响才开始意识到自己的跨性别需求。社会的歧视状况是导致跨性别者高度隐蔽的主要原因，中国人传统重男轻女的观念，也令男跨女的跨性别人士不敢出柜。

跨性别不是一种疾病，只是一种性别，故而不存在先天产生还是后天导致的问题，也不存在是否能治愈的问题。

如果他是一个接纳自己性别的人，探索到一定时候就会自然而然地成为他自己。

4. 男孩穿上妈妈内衣，可能仅仅是基于好奇

★ 喜欢异性丝袜、裙子等，可能是恋物行为，虽然这在主流的价值观中是不好的，但如果没有伤害到别人的利益（比如偷窃），我只视之为一种性愉悦方式的选择，不是心理问题，也不是道德问题，更不是法律和伦理问题，即：没有错。

★ 针对恋物的问题与孩子交流，目的在于提示他不要通过违法的方式获得，而不是反对他的恋物行为本身。

★ 即使成人后仍然对异性内衣很痴迷，甚至“恋物”，也没有什么，只要他自己高兴、性满足，就可以。一些婚姻与性的指导师不是一直建议婚姻已久的妻子穿性感内衣增加夫妻间的性娱乐吗？

★ 进入青春期后，对异性感兴趣、对异性的内衣感兴趣，

都非常正常。男孩将女孩内裤带到床上，成为自己性幻想和自慰时的辅助用品，在一定程度上满足、缓解自己的性渴望，是正常的表现，不必大惊小怪。

恋物，也未必影响日后的恋爱与婚姻。二者不能绑在一起。

青春期的他可能只是对于异性、异性的服装好奇，他可能只是穿上异性的内裤，想象一下女人是什么样子；穿上女人的裙子，想象一下做女孩好不好看。所以，他可能仅仅是对性和异性好奇，这并不少见。我认为这也是性游戏的一种，不一定是易装欲，或者易性欲，家长完全不必过于焦虑担心。

青春期的男孩被女性的鞋子、丝袜、长腿等吸引，是正常的现象，不用大惊小怪。

要允许孩子有一定“寄托”，不要害怕这会使他们“性心理异常”。我倒认为，那些大惊小怪的人才是“性心理异常”呢。

5. 没有我的参与，不要做关于我的决定

★ 残障者既有情欲也有性欲。

★《联合国残障人权益保障公约》当中有一句话：“没有我们的参与，请不要做关于我们的决定。”残障孩子性教育的问题，也是一样，要听到他们自己的声音。非残障孩子的性教育呢，当然也一样，也要听孩子们的声音。很多性教育中出现的问题，并不是孩子们的问题，而是家长的问题，所以我们家长要改变。

★ 帮助残障者实现性人权，是社会健全的一个标准，真正以残障者为中心，不是以“健全”的人为中心。从这个视角出发，能够帮助我们更好地理解残障孩子的性教育。

★ 社会工作对残障者的一个帮助目标就是赋权，所谓赋权就是自主、自觉、自理，我觉得在性上也应该是一样的。

★ 残障者的性被置于双重的压迫和双重的边缘之下。残障在主流社会中是被压迫的，是边缘的；性在主流文化中是被压迫的，是边缘的，所以残障者的性是双重的边缘。社会在假设残障者没有性、没有情欲。如果一个残障者有情欲，社会便把他们归入另类，对他们的情欲采取否定的态度。只要他们关心性、有情欲，似乎就违背了一个“好的、正常的”残障者的标准，这本身就是无知的。

★ 残障者是有性的，父母、家长、监护者应该致力于他们性权的实现，而不是剥夺他们的性权。

★ 残障者同样有性需求，残障孩子的健康成长同样需要进行性教育。

★ 自闭症的孩子不像普通孩子那样有很好的空间认识。我们应该帮助大众了解他们对公共空间认知的意义，对他们在公共空间自慰采取更包容的态度。你可以反复对他进行性教育，引导他学习空间意识，但是，在他没有受过性教育，还没有培养起私领域和公领域的判断能力的时候，不要因为他的行为谴责他。

★ 当主流社会这样规训残障者的性的时候，实际上是在规训他们的性欲和行为。

★ 应该用残障者的标准来对待残障者，不应该用非残障者的标准来评价他们。

★ 应该用残障者的标准去思考问题。用非残障者的标准去思考残障者的生活，对残障者来说不是太不公正了吗？总用自己的价值观和正常人能达到的标准来要求残障者，太欺负人了。所以，应该站在残障者的视角看问题。

★ 社会应该听到残障者的欲求，致力于满足他们的情欲，这远远比家长担心的“被骗”“吃亏”更重要，比防性侵更重要。

★ 要帮助残障者实现性人权，就必须给他们特殊对待。比如高位瘫痪者的护理人员，是否可以给他们提供性的护理。我们可以提供其他的护理，给他们翻身、洗澡，帮助他们做这做那，我们是否可以给他们一些性的护理？在台湾和日本有“手天使”，给没有办法用手够到自己阴部自慰的残障人提供性的护理。

★ 如果能接纳多元，尊重个体，性规训本身就难以维系。接纳有的人是健全的，有的人是残障的，接纳不同的性的表达，不同的性的人际关系的表达，就是接纳多元。而接纳多元，就没有单一的标准，那些想控制性的势力就难以维系了。

★ 性教育中不应该忽视残障孩子，包括不应该忽视他们的特殊需求。

★ 针对残障孩子的性教育，既要看到残障带来的对性教育的独特要求，又要看到他们与非残障孩子的共同性，赋权型性教育的原则与技法同样适合他们。

★ 智力存在障碍的孩子，无论从自我保护，还是从尊重他人的角度，都更需要性教育。

★ 作为残障孩子的家长，不要按主流社会的标准来要求你的孩子，主流社会设定的是非残障孩子的标准，爱你的孩子就应该用他的标准。

★ 对于身体残疾的青少年，性教育中也应该有关于残障者的内容，这样才公正。让他们知道，他们也有办法获得自己的性快乐，他们并非是注定无性的一群人。

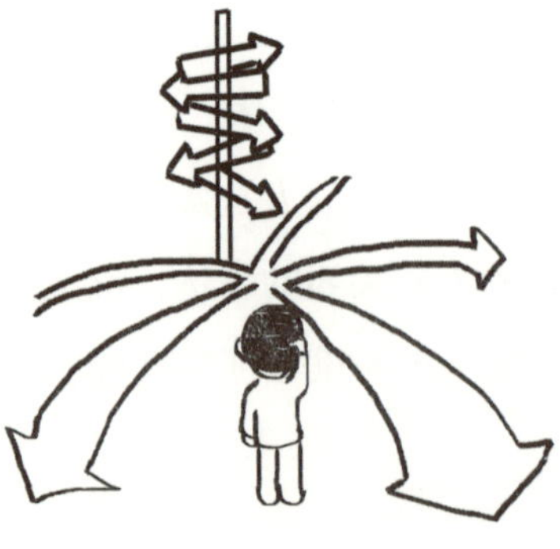